U N READ

Eine kurze Geschichte
des ökonomischen Denkens

是时候
懂点
经济学了

经济学简史
22讲

[德] 赫尔格·黑塞　著

张世胜 赵弯弯 尚晓涵　译

HELGE
HESSE

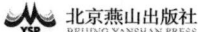

前　言

英国经济学家约翰·梅纳德·凯恩斯有一句名言："经济学家和哲学家的思想，不论是对是错，其力量都比人们以为的要大得多。其实，世界就是由这些思想统治的。"

假设他的说法有一定道理，那么以下这些事，对我们认识世界肯定有所帮助——了解一点经济学和哲学思想，认识这样那样的思想家，同时大致了解其思想是何时、怎样产生的，还有，自它们诞生起对科学和社会分别产生了何种影响。

我们总乐于了解各种有趣的哲学，可与金钱、工作、经济息息相关的问题，只能吸引少数人。而这些少数人，往往要去处理与经济有关的问题，比如就业、市场竞争、报税、养老金、保险等令人头疼的事情。这就是许多知识分子精通哲学、艺术、音乐和历史，却很少深究经济问题的原因。因此，很多大学者对经济学的了解少得惊人。

此外，经常在公开场合发表言论的经济学家，往往相互拆台。这导致了一个后果：在很多人眼里，一提到经济学，立刻想到的不是什么正式的科学，而是一系列替资本家说话的学问和体系。这种论调，往往忽略了经济学的复杂性，也辜负了那些深入研究经济学的人的初衷。

无论我们是否愿意，经济思维不仅决定了我们的生活，而且决定了我们的人生是否幸福。在 21 世纪初这个局势和技术巨变的时代，经济问题成为许多争论的焦点。经济体系遭到质疑也就罢了，就连经济学本身也遭遇了彻底的质疑——它的任务是什么？它到底有什么用？它还能做些什么？

尽管经济学的各个研究领域都是现代社会议题的中心，但总体而言，在经济学领域之外，一般人对经济思想的多样性知之甚少，更别提去了解它的发展史，还有了解经济思想的多样丰富性了。

经济学思想，还涉及社会学、数学、哲学和更多其他的学科。即使是经济学专业出身的人，对这些学科的涉猎也很不够。

关于经济思想史的书琳琅满目，而这本书的写作目的很简单：为所有涉及经济学专业的学生和学者提供参考，也为所有对经济学感兴趣的读者提供一种严谨的综述。本书介绍了经济学的重要思想、思想家、流派，以及它们曾引起的争论，还提供了延伸阅读和进一步学习的方法。

我希望传达一点：经济学作为一门科学，不是关于商品生产、商品分配和赚钱等行为的枯燥教条。它涵盖并彻底研究了人类行为和思想的诸多领域。经济学家绝不是对经济发展提出狂妄预测的"砖家"，相反，他们都有着聪慧的头脑，其思维和工作方式，与哲学家以及其他科学家颇为相似。正如开头那位凯恩斯所说的，最重要的是，他们创造了足以影响我们每个人生活的思想。

感谢以下友人在本书创作中的帮助：迈克尔·托赫特曼、弗兰克·卡森迈尔、伯恩德·马库亚德、尼尔斯·黑塞博士；还要感谢我的妻子乔西·黑塞。当然，书中如有个别纰漏，必然归于我本人。

赫尔格·黑塞

2018 年 7 月于杜塞尔多夫

目 录

绪论 I

01　人是会做生意的动物 001
　　经济行为的黎明

02　交换是万物之尺 005
　　古希腊、罗马经济思想

03　上帝为什么创造钱 014
　　经院哲学与经济思想

04　小整体和大整体 025
　　手工业行会和近代乌托邦

05　国家也是一种企业 034
　　重商主义和官房学派

06　我想发财，这有错吗 051
　　重农主义和私有意识的觉醒

07	被误会的"看不见的手" 亚当·斯密与古典学派	062
08	生而自私与最大幸福 古典学派的后学与功利主义	070
09	经济学如何找到自己的路 不容忽视的其他思想	082
10	劳动和社会的关系 马克思主义及其分支	099
11	一种独特的视角 土地改革思想与无政府主义	110
12	社会与历史如何作用于经济 历史学派与马克斯·韦伯	116
13	用数学弥补市场的缺陷 边际效用学派的诞生	126
14	社会主义如何运行 理论与实践的交互作用	139
15	供需平衡理论 新古典主义学派	149
16	如何化解市场危机 凯恩斯与经济大萧条	157
17	市场和人类的自由 新自由主义的另一张脸	172

18	企业、工作与个人发展	189
	熊彼特和诺贝尔的故事	
19	经济学家眼中的社会问题	204
	经济史、社会学与发展理论	
20	旧制度经济学与新制度经济学	213
	德国历史学派的海外影响	
21	新制度下的经济学	228
	决策行为、博弈理论、行为经济学及其他	
22	全球化、数字化与难测的未来	242
	21世纪的经济前景	

总结与展望   257

绪 论

作为诸多学科中的晚辈，严格意义上的经济学直到很晚才产生。自诞生之日起，人就是这一新学科的中心，这点毋庸置疑，因为没有人，就没有经济——经营和贸易源于人的天性。或者就像亚当·斯密所说：自然界的各种生物中，唯有人类体现了交换的倾向。

关于对自己的定位，经济学从一开始就处于两极之间。

一方面，经济学总是要回应要求：必须总结、遵守普遍适用的经济模式，并用于指导经济活动。这里的经济学更类似数学，并遵从了弗朗西斯·培根在近代早期提出的信条："经济首先应使人们获利。"尽管如此，数学模型仍使我们对市场、价格、货币等不同经济概念有了深入的认识。经常被引用且富有争议的"经济人"假设，作为研究纯粹经济行为机制的基础，也为经济行为方面的知识做过很大贡献。

另一方面，经济学采用了社会学的方法，试图用历史、哲学、心理学来解释经济行为，并且将经济学知识转化为行为模型。其中有几个代表人物认为，可以说没有一种普遍适用的经济模式。这些观点有助于我们深入理解经济学的本质，进而解释人类社会发展的过程，并从社会发展过程获知我们在经济上和社会上的使命。这种类似哲学和社会学的方法，很快与政治现实相结合，进而引出了两个问题：我们在社会经济活动中应当追求什么？哪一种社会形态才是最佳的？

从根本上讲，经济学也是现代科学的雏形。因此，我们有理由认为，经济学作为一种真正的科学，诞生于18世纪后半叶启蒙运动的高潮中。也许，经济学正是21世纪初纷繁复杂的巨变的一个表现。

没有哪一门学科是孤立的。每一门学科，即使是最讲理性的学科，如物理或数学，最终都会遇到人类认识的极限，最后都会变成一种哲学研究的对象。

经济学充满活力，与社会发展进步、新技术引发的变革、时代进程的难以预测紧密相关。因此，该学科的专业知识，有时会突然自相矛盾，经常有人为此指责经济学家。其实，经济学家们几乎从没有达成过一致。每个经济学家的思想或多或少都包含矛盾。哲学家们同样有这种情况，但人们好像更包容他们一些。也许，正是因为经济学家总试图预见未来的发展，所以人们对他们尤其严格。如果哲学家说错了，人们会说"这就是他们看世界的角度"；但如果经济学家说错了，人们会说"就是他算错了"，或者，他们会引用丘吉尔的名言："我去问三个经济学家，会得到四种观点，其中两种出自凯恩斯先生。"但在一门随时间推移而不断发展变化的学科中，这并不奇怪。

正是因为处在一个巨变的时代，我们才有了新的评价和新的思考方式。在经济学方面，我们一方面要更加开阔视野，另一方面还要摆脱旧的、狭隘的思考方式，重新审视那些伟大思想家的观点，思考他们的哪些建议能为我们面临的问题提供答案。假如亚当·斯密活在今天，他还会是骄纵蛮横的资本主义的代言人吗？我觉得肯定不会。那么他会赞成列宁的思想吗？我想也不会。

01 人是会做生意的动物

经济行为的黎明

人人都是靠出卖某样东西过活的。

——罗伯特·路易·斯蒂文森

万事开头难,最难的是开始做生意。

——歌德

据推测,第一批现代人类——智人——已经在思考我们今天做的事情,甚至思考经济行为了。在约 16 万年前(考古证据确实有这么古老),就有男女老少组成的人类组织开始四处探索,他们除了让自己尽量活下去,还要维持族群的生存。这些小组一定是自行组织起来的,为了生存进行筹划,分配不同成员的力量。由此,人们就开始从事最早的经济活动。

即使生存艰难,人们偶尔也会在经营中获得生存所需的自由空间。他们很有创造力,不断地思考和尝试,其动力主要是应对生存的挑战和改善生活。为此,他们创造了一些符号,大概是想给别人留下什么痕迹或者线索?他们在岩壁上刻下了标记,开始记数。这些符号,离文字的诞生还早着呢,但至少产生了艺术。考古证据表明,已发现的最早的艺术有 4 万年历史,如出土于德国霍勒费尔斯的小型女性雕塑。4 万年前正是人类语言开始形成的时期。

关于语言如何起源，我们只能猜测。语言可能来自原始人为了协作行动而发出的信号，可能来自他们越来越精确的发音，但也可能来自首领鼓舞群体时发出的有力呼喊。当夜幕降临，一个部落会围坐在篝火旁，讨论明天做什么，以后该做什么，彼此分享狩猎、采集中的经验。我们人类的祖先，正是在亲身经历过的冒险中寻求生存之道。当然，他们也会有关于各种生活事件的想法，也会有理论，只是他们可能无法像我们一样表达出来。

当时，人们思考的主要是日常生活中的问题。此外，他们还会思考一些"自己为何存在""我们来自哪里"这样的问题。一旦这些问题超出他们的认知能力和智慧极限，就往往用神怪来解释了。

在约公元前12000年，人们逐渐学会了种植作物、圈养动物，放弃了四处搬迁的生活，改为定居。虽然这个过程十分缓慢，但放在人类史的时间跨度中，它又是一场迅速的革命——新石器革命。一种全新的生活组织模式由此产生。人们必须按照四季更迭来计划播种和收获，编订日历，储备存粮，学习持家。

人类定居点如雨后春笋般不断产生、扩展，伴随着贸易的发展，经过一代代人的建设，成为一个个城市。其实，贸易活动就是智人的一大特征。有证据表明，智人很早就会长距离运输贝壳和燧石。但迄今为止，我们没有证据表明尼安德特人也有贸易活动，他们与智人长期（约13万年）同时存在并部分融合，直到灭绝于约3万年前。

亚当·斯密发现，所有人类"都倾向于做买卖，在动物世界里没有这样的现象……从没有人见过一只小狗会诚实地交换骨头，或者仔细考虑用一根骨头换另一根骨头……"就这样，贸易的发展，始终伴随着人们从游牧到定居的变化，以及更为复杂的社会结构的形成。单纯保障粮食生产所需要的人越来越少，而处理不断扩大的贸易和日益复杂的社会管理所需要的人则越来越多，每个职能部门要求人们掌握越来越多的知识，于是出现了职业分工。在过去几千年，这些社会分工越来越复杂，氏族领袖变成领主，后来又变成一国之王；萨满和智者演变成教会牧师。随着时间推移，第一批先进的文明逐渐发展，而其中的权力总是与信仰相互配合，具体表现为由早期祭礼和神秘主义糅合而成的复杂宗教，如最早的佛教和犹太教。

早期人类对自然的依赖以及对生命有限性的了解，一直促使他们思考以下问题：是什么力量在背后支持着世界运作？是星球、太阳，还是各种神明？人类曾试图与这些力量接触并保持友好关系。过去，神职人员通过宗教仪式来维持人类与神秘力量的对话，人们相信，是这些神秘力量掌控了世界。只要力所能及，人们总是不断凭借自己的力量寻找答案。一开始，生命和自然的规律似乎无从解释，更不符合逻辑，许多东西最终只能上溯到神的隐秘性。虽是这样，人们仍然通过一代代不懈的努力改善了自己的生活。

始于约公元前4000年的早期文明，如美索不达米亚文明和古埃及文明中，出现了第一批大城市。在相对狭小空间里生活着如此多的人，这就需要对日益复杂的生活进行组织和管理。市场、寺庙和统治者的宫殿周围逐渐形成了经济循环模式。在储存和贸易的过程中，人们在器皿和木板上刻下记号以记录货物数量。由此，原始的会计行为就此产生了，顺便也产生了文字，如美索不达米亚地区的楔形文字。

经济的基本要素就是农业、手工业和商业。在这些主要要素中，为了确保经济安全，进而产生了规则和法律，比如制定于约公元前1750年的《汉谟拉比法典》，其中的部分条文就可被视为人类最早的商业法。人类早在认识金钱之前，就已有了利息的概念，比如公元前3000年的苏美尔人，他们甚至知道利滚利。《汉谟拉比法典》承认了利息，规定不付利息的人会被债主奴役。

几千年来，人们一直用某些商品作为货币的替代物。金、银、贝壳、谷物和盐就是历史上的交易等价物或者说"实物货币"。它们很受欢迎，并且便于进行后续交换。金银是人们最爱用的等价物，是按重量交易的。有了真金白银，人们就能购买市场所提供的任何商品，这和以物易物的交换经济有很大不同。在交换经济中，每个参与者都必须拥有对方想要的商品，交易才能达成。货币的发明，使人类在经济发展中迈出了崭新的、决定性的一步。

这块楔形文字泥版是某行业年租金的法律文件，出自汉谟拉比的孙子阿比舒统治时期（约公元前18世纪）

02　交换是万物之尺

古希腊、罗马经济思想

因此，货币就是一种衡量标准，使事物得以衡量并建立平等。没有交换，就没有社会。没有平等，就没有交换。没有衡量标准，就没有平等。

——亚里士多德

所有的经济部门多多少少都能获利，但其中农业是最好的经济部门，没有比之更能获利、更受欢迎、更能与人（自由人）相称的了。

——西塞罗

一般认为，金属硬币（即真正货币）的发明，要归功于吕底亚人。吕底亚是古代小亚细亚的一个王国，位于今土耳其境内。那里储藏着一种天然金银合金"琥珀金"。最初，吕底亚人用称过重的琥珀金碎块作为交换媒介。到公元前650—前600年，他们将狮子或公牛像铭刻在金属块上，作为城邦的符号和商品来源标记。这种最早的"货币"，使商品交换更加自由。

过了约一个世纪，公元前5世纪的古希腊人发明了"斯塔特"

银币（希腊语中意为"称重"），还有作为辅助的奥波勒斯[1]银币。6奥波勒斯兑换1德拉克马，2德拉克马兑换1斯塔特。每个4德拉克马银币由14～17克白银制成，它最终成为一种通行硬币。在硬币上铸刻领袖头像，始于约公元前3世纪，亚历山大大帝之后的希腊化时代。

关于古典时代的经济思想，我们只能通过古代文献探讨其中一个小的方面，在这里就不过分展开了。古希腊诗人、剧作家阿里斯托芬在其喜剧《蛙》中描写了"劣币驱逐良币"的现象，这一现象后来作为"格雷欣法则"被写入经济思想史。雅典人用铜铸造了廉价的应急货币，阿里斯托芬在戏剧中通过领唱之口叙述了这一现象：铜币驱逐银币，导致银币的积压。

在古典时代，古希腊的贸易和经济，只在雅典较为繁盛。在这一时期出现了远距离贸易，通过希腊海岸向外辐射，使特定的商人和放贷人及造船商获利，但这时的放贷规模还很小，远远比不上现代的银行家。在雅典和其他希腊地区，人们依然主要在城邦辖区内从事农业耕种，这在本质上决定了经济结构。绝大多数情况下，家庭和宗族在他们的农庄生产生活，依靠农产品为生，但也有让大量奴隶代为劳动的奴隶主。总体而言，古典时代的经济产出主要基于奴隶劳动。例如，当时约有2万名奴隶在拉夫里翁的矿坑里艰苦劳作。

---

[1] 在希腊神话中，人们要在死者口中放一枚奥波勒斯钱币，付给冥河摆渡人卡戎作为报酬，未付款的死者灵魂，将被迫在河岸永远游荡。——译注，下同

出土于公元前 6—前 5 世纪的吕底亚琥珀金币

在古典时代,希腊的经济生产主要来自广大奴隶,而他们的作用不需要怎么去考虑,所以经济活动的重心是家庭、农庄、组织与城邦的支出。这样就不难理解为什么古希腊语的"经济学"(Oikonomikos)一词,是由古希腊语中"家庭所有物"(oikos)和"法则"(nomos)两个词构成的,合起来就是"家政管理法"的意思。

约于公元前 390—前 355 年,苏格拉底的学生色诺芬写了《家政论》一书,以当时流行的对话体探讨了家政学。书中包含了对家政的建议,对田地耕作和饲养牲畜的指导,以及对贸易与地产买卖的建议。色诺芬还建议通过分工提高生产效率。

最早关于经济思想的文章出自诗人赫西俄德,他也是靠耕田和养殖为生的。在约公元前 700 年创作的诗集《工作与时日》中,他描写了农业和畜牧业,并描绘了一个以竞争为基础的经济社会,更多的内容是对农村生活的描写。诗人认为,城邦的生活及社会利益的贡献都比不上农村。

古典城邦中的集市广场不仅是重要的贸易场所，也是公众舆情的集散地。公元前 5 世纪，苏格拉底在此处与公民进行哲学对话，公民可以在这里发表演说。苏格拉底生活在城邦与集市的繁荣时期，与他同时期的雅典同乡人才辈出——悲剧鼻祖埃斯库罗斯、民主制之父伯利克里、建造帕特农神庙的雕刻家菲狄亚斯和历史学泰斗希罗多德。这是一个群星闪耀的时代，这些人物的成就，为现代社会的各个方面奠定了基础。在经济思想领域，苏格拉底的学生柏拉图，从一种有别于家政学的全新角度出发，也做出了难以磨灭的贡献。

柏拉图生于雅典的一个富裕家庭，他对与苏格拉底的邂逅始终难忘，因此改学哲学，并师从这位著名哲学家。在柏拉图的青年时代，雅典城邦开始衰落，在伯罗奔尼撒战役中被斯巴达人打得溃不成军。雅典的政体在僭主制、寡头制、民主制间来回交替。这一时期局势动荡，暴政和无政府状态时有发生。苏格拉底在民主制时期以公民投票的方式被判死刑，这使柏拉图大受打击，他离开雅典，在地中海沿岸周游列国，最终于公元前 387 年回到雅典，在橄榄林里创办了一所学院（Academy），它也是所有研究机构和大学的前身。

在一个局势动荡、百家争鸣的时代，柏拉图成为一个唯心主义哲学家和博学的通才。他的学派与诡辩学者针锋相对，后者主张在当下探寻问题的答案，并且通过辩论术论证世界的存在。其中最重要的代表人物普罗泰戈拉曾开课教授辩论术，并以"人是万物之尺"这一开创命题打破了人类认识的局限。而柏拉图寻求的是理念和超出物质世界范畴的绝对知识。他所谈论的经济思想，其实是在谈论人们在社会上如何和谐共存。他从哲学家和贵族的立场出发，认为国王是一个国家的大家长，也是国家的保卫者。

柏拉图在其内容丰富的对话录《理想国》中阐述了理想的社会秩序。他的愿景中浮现的是包含各种等级、结构简单的城邦。按照他提出的纲领，国家中的每个人都应按照自身能力合理分工，从而实现整体富裕。他将人分为三个等级：第一级是哲学家，第二级是国家的保卫者，第三级是手工业者、商人和农民。最高的哲学家应当掌握近乎无限的权力，还要通过贤明统治使城邦繁荣。保卫者阶级不可拥有私人财产，他们被视为一个共同体，其中的妇女、儿童和财产是"公有的"。另外两个等级则允许拥有财富，但也不可过度奢侈。总体而言，柏拉图及与其同时代的希腊学者认为，崇尚节制对于城邦的经营、规划有重要意义。他坚信，财富主要是通过谋略而非德行获取的。

柏拉图在晚期对话录《法律篇》中谈道：贸易，即商品交换，应在集市上进行，对集市必须严格规定，每月开放一次。在此篇中，他有关国家的构想，开始从最好的理想国向"第二好的"国家设想转变。这里他开始强调法律的作用，而货币作为支付手段，应简化交换过程。由于柏拉图推崇和谐集体的概念，所以他规定了财富分配准则，以防止出现过大的贫富差距。在价格规定方面，他认为商品售价必须与其价值一致，而且卖主不能定两种售价。柏拉图认为，乡村应附属于城邦；至于利息，是可以免除的。

柏拉图对国家和经济的专制观念，只把政治权力交给个别哲学家，而且排除了社会和谐之外的人们的自由生活，因此后来他的观念成了极权主义思想和权力的论据。需要说明一点，鉴于柏拉图生活时期政局的动荡及其贵族观念难以为普通人所知，他的政治设计远远没能实现普遍平等。在柏拉图那个时代的雅典，每个公民都会有至少一个奴隶。柏拉图自己就有五个奴隶，而富人家里通常有五十个奴隶。城邦的自由民不用劳动，至少不用体力劳动。根据自由民身份的定位，贸易和手工业都应由外邦人和奴隶从事。相反地，自由民不用劳力，不用做贸易，只需做脑力工作。柏拉图和他的学生亚里士多德，虽然意识到了奴隶制的弊端，却没有采取任何措施。

亚里士多德是除了老师柏拉图以外又一位古典时期的重要思想家。他用前无古人的大量著作涵盖并整理了人类的知识领域，是我们今天知道的系统科学及其各个学科的开创者。亚里士多德认为人是一种"政治动物"，是具有社会属性的群居动物，而城邦是自然的产物。他认为城邦是完美的，在经济上应自给自足，城邦的出现早于家庭这一经营地点，也早于家庭成员，家庭成员分为家庭统治者（一家之主）及其下属，比如妇女、儿童和奴隶。

亚里士多德的著作《政治学》对经济学产生了重要影响。他也推动了经济学发展，但并非现代意义上研究客观经济机制的"经济学"，而是为经济学提供了一种道德规范，规定了道德目标。他认为追求财富是合理的，但要适度；他认为应当追求平等，虽然只限于男性公民，排除了女人、奴隶和外邦人。

与柏拉图相同，亚里士多德也认为货币简化了交易，但他也认为应该警惕货币：利息是"可恶的"，因为它是由钱生的钱，而不是通过劳动获得的。亚里士多德在早期的价值理论中区分了交换价值和商品本身的使用价值。交换价值由需求决定。生产商品是为了使用，而不是为了售卖。从今天的角度看，后一种观点有些奇怪，但亚里士多德展示了他关于劳动动机的奇特设想，如手工业者的劳动动机。这种观念有别于今天以获得收益为目的的理财观念。

亚里士多德的思想是一种支持闲暇的实用主义，反映了他那个时代、那个世界的经济实践：农庄自给自足便可，维持现状比增长更重要。集体或城邦通过赋税和贡品获取所需。在雅典，只在进出口相对平衡时，才允许继续出口。

上述亚里士多德的思想发展轨迹与老师柏拉图的相近，但也有所不同。柏拉图要求实行公共财产制，并反对将房屋、土地作为私人财产；亚里士多德则对此提出批判，认为地产私有制比公有更具优势，因为私有制使人们更关注经济生活，效率更高。这样看来，早在柏拉图和亚里士多德的时代，就出现了几百年后的两大经济学派别：深信计划管理行之有效的公有制（柏拉图），以及坚信能激发个人经济意识和主动性的私有制（亚里士多德）。

亚里士多德的理论，仍然有很多不确定性，即存在所谓的"伪亚里士多德"著作。共有三本伪托他的家政学著作流传，真实作者未知。据推测，它们成书于亚里士多德逝世几年甚至几十年后。或许是亚里士多德的学生用来记录老师思想的？我们无从得知。这些著作介绍了一家之主和妻子以及管理者的职责和对待奴隶的方式。

体现古希腊经济思想的另一位著名学者是公元前3世纪的亚姆布鲁斯。他的乌托邦式著作《太阳国》写于约公元前240年，体现了部分犬儒学派和斯多葛学派的思想。亚姆布鲁斯设想了一个构造最简单的理想国家。每个居民都有义务劳动，但可以随意更换工作内容。国家里没有任何货币。据说，17世纪康帕内拉《太阳城》中的乌托邦，以及19世纪约翰·拉斯金的"人人都应从事体力和脑力劳动"的观点，都受到了此人的影响。

后来，崇尚务实的古罗马人为古希腊人补充了企业经济学的思想。罗马帝国的经济生活比希腊城邦要复杂得多：大都市罗马的物资供应、庞大军队的军费以及供养退伍军人的问题，都是重要且持久的社会话题。当时已经出现对国家预算和金融体系的抵制活动，但并未发现此类主题的著作。值得注意的是，在暴君尼禄之后，公元 69 年继位的韦帕芗赋予了货币以实用意义。他为了整顿国家财政，对被用于皮革业的公厕尿液征税。他的儿子提图斯对此大为震惊，他回了一句名言："钱不臭。"

古罗马的经济学著作，多数是农庄经营指南，并辅以一些常见经营类问题。书中甚至能找到类似企业管理口号的东西。例如，老加图在其著作《农业志》中的主张："家庭管理者应热衷于销售而不是购买。"

1 世纪，卢修斯·乌尼乌斯·莫德拉特·科卢梅拉撰写了《论农业》，他死于约公元 70 年。更重要的是比他早近百年的马库斯·瓦罗写的农业教科书，书名也叫《论农业》。瓦罗也许是那个时代最伟大的学问家，他想通过这本书指导妻子管理自己的遗产。他还在书中介绍了编订农事历的方法，这是一种原始的生产计划。关于招聘工人，他建议奖励奴隶，因为这可以提高他们的劳动效率。此外，他认为农庄主人可以通过解释和示范来指导奴隶工作。瓦罗认为奴隶也是重要财产，因此建议有节制地使用奴隶，保护他们免于疾病的侵害。照他的说法，在容易滋生疾病的沼泽地工作，最好用临时工。

瓦罗还指出生产选址的重要性。他认为，商品的利润高低，取决于和城市市场的距离。他大概是第一个解释了无关生产数量的"固定成本"的人。他以橄榄树林为例来解释：若将种植面积扩大一倍，虽然需要招更多工人，但省了第二个监工。

与古希腊一样，古罗马时代有关经营的思考也集中在两个方面：一是实用的家庭或商业伦理问题，二是政治哲学，但未涉及国民经济的运行过程。在政治哲学方面，关于如何将道德规范转化为行为，古罗马著作中对经济思想产生重要影响的当数西塞罗的著作。他是罗马共和国最伟大的政治家和演说家，也是恺撒的反对者。最值得关注的是他的对话体著作《论共和国》和他死前编著的《论责任》。后一本书通过对智慧、正义、英勇、节制这四种基本美德的论述，对思想史产生了尤其重要的影响。

以欧洲为中心的视角经常使我们忽视西方之外的发展和思想。因此这里，我们紧接着要提到同时期的中国西汉思想家桓宽。关于他的生平我们所知甚少，他在著作《盐铁论》中记述了公元前81年西汉的儒学家、文人与国家高官代表关于改革、政府职责、贸易和手工业的重要性，以及盈利思想、货币经济和国家对盐铁生产垄断的辩论。书中也讨论了税收的公正性：富人可以逃税，而农民却必须交税。很多批评家认为这一现象至今仍然存在。

在这次"盐铁会议"中，国家的权力主张与儒家对社会的看法首次正面交锋。辩论的核心也反映了思想和传统与国家和经济效率思想之间的冲突。儒家认为，应当优先发展农业，而政府则赞成支持手工业和商业，包括对外贸易。

03 上帝为什么创造钱

经院哲学与经济思想

只有能致力于人类共同福祉的人,才是一个道德良好的人。

——托马斯·阿奎那

一分钱,一分货。

——加布里埃尔·比尔

随着罗马帝国的覆灭,世界历史彻底分裂。世俗力量——如由于东欧匈奴人侵袭而进行民族大迁徙的日耳曼部落——和一种新的宗教填补了强权政治和宗教的空白。最迟于3、4世纪之交,君士坦丁大帝利用基督教捍卫自己的统治,基督教得以开始产生重大影响。以前古希腊人和古罗马人同时敬奉许多神灵,但一神论更符合君士坦丁大帝的想法:世界上只能有一个统治者。此外,基督教提供了一种更紧密的思维框架,《圣经》基本上成为组织所有人生活的法规。

教会权力不断扩大,君士坦丁利用教会巩固自己的权力,对世界、生活、国家和经济思想的解释权也逐渐转向了教会,然而经济思想仍然是不受重视的边缘领域,并且这一领域的所有思想所探讨的内容仍然与生产、货币及贸易机制无关。与希腊时期将经营看作家庭领导者的任务不同，教会从另一种角度提出了如何将基督教推崇的道德与经济行为相统一的问题。但以上这些观点基本大同小异。随着时间的推进，经过早期、中期和晚期中世纪直至开启近代历史的美洲新大陆的发现，价格的合理性、反对高利贷和不以获利为目的的经济供给成为焦点。经济的道德观念仍在于追求稳定的收入，而不是经济增长和进步。后两个目标直到在工业化和启蒙运动开始的现代时期才产生。

在中世纪，基督教早期神学家希波的奥古斯丁对古典思想向基督教思想过渡的初期产生了重要影响。他出生于现今的阿尔及利亚，父亲是异教农民，母亲是虔诚的基督教徒，他30岁时皈依基督教，而此前是一个奢侈的富家子弟。他在北非的希波城（今阿尔及利亚城市安纳巴）出任主教，并在30多年职业生涯中撰写了大量著作，其中最重要的代表作就是《上帝之城》。他在这本书中写到：历史发展到终点，即完成上帝的神圣旨意，历史不是古希腊和古罗马人认为的那种人生的轮回。奥古斯丁期望人们皈依上帝设下的人间天国，这可以指导我们理解教会与世俗国家之间的复杂关系。因为根据他的世界观，人类生而被困在原罪中，命运全凭上帝的严格审判和选择，没有丝毫的自由意志。

在经济学方面，奥古斯丁鼓励体力劳动，认可徭役，鼓励奴隶为封建领主服役。奥古斯丁认为，贸易具有平衡补差的作用，坚决反对利息和高利贷，并且他继承亚里士多德的思想，将价值划分为交换价值和使用价值。

历史学家认为，奥古斯丁逝世百年后的公元529年标志着古典文化的消亡。在这一年，著名的雅典柏拉图学院关闭，努西亚的圣本笃在意大利创立了本笃修道会。他关于劳动的道德思想，浓缩在本笃会的一句著名规章当中——"你要祈祷，也要工作！"这句话再次提出了体力劳动的合理性。

画家尚帕涅所绘的奥古斯丁画像

随着科学研究的深入发展，6世纪出现的修道院和教堂附属学校到11世纪末发展为一批大学。于1088年建立的意大利博洛尼亚大学，可以说是欧洲的第一所大学。它最早是一所法学院校，直到14世纪，才开设了包括7门人文学科，还有哲学和医学。当然，这时它还没有开设经济学科。

在科学方法领域，伴随经院及教堂附属学校的扩大，以及11世纪第一所大学的成立，经院哲学的研究方法终于形成。坎特伯雷大主教安瑟伦，通过其座右铭"我欲明，故我信"提出了最早的研究方法，并通过这一座右铭，将科学和逻辑用于证明宗教学说。

经院哲学继续发展，从奥古斯丁提倡的柏拉图主义观点转变为基于亚里士多德及其著作的方法。民族大迁徙和此后的基督教兴起，导致对古典时期遗产的忽视几乎使亚里士多德被人遗忘，后来，一些有影响力的阿拉伯学者对其学说的接纳和重新翻译，使他再次进入了经院哲学的思想世界。阿维森纳、伊本·路西德对此贡献颇丰，路西德的拉丁文名字阿维罗伊，更加为人所知，他的评论为许多经院哲学思想家提供了研究亚里士多德的工具，不久后，他被誉为"令人赞叹的评论家"，并在修道院学校远近闻名。

经院哲学家在经济学领域的研究主题也主要是价格的合理性、高利贷和利息。这些也是托马斯·阿奎那有关经济学的研究主题。阿奎那也许是经院哲学全盛时期最重要的哲学家，他生活在欧洲财富增长时期，这一时期收成良好，道路状况改善，因此贸易繁荣。在阿奎那在世时期，意大利城市国家如热那亚和威尼斯逐渐发展为重要的贸易大国。1271年，即阿奎那逝世的两年前，马可·波罗开始了他的中国之行。

阿奎那生于一个意大利贵族家庭，六岁就进入卡西诺山本笃会修道院接受教育。他后来违背父母意愿加入了提倡苦行的多明我会，先后在巴黎大学、科隆大学师从哲学家大阿尔伯特。与导师一样，阿奎那的思想以亚里士多德的著作为基础。阿奎那通过证实"信仰是不需要证明的，理性才是信仰的前提"，试图解决经院哲学引起的逻辑与信仰的矛盾。他在去世前10年开始编撰《神学大全》，到去世时仍未完成。在这部著作中，他阐述了理想中的国体和政体。他认为，人都具有社会属性，最理想的统治形式应是阶级统治，因为自然万物都有一个最高主宰。他认为，国王是上帝在世俗国家的代表，但必须限制国王权力，以防独裁、暴政。教会在国王和国家之上，保证两者遵守道德规范。

在经济思想上，阿奎那主要关心收取利息是否合理的问题。他认为借钱不应收取利息，因为利息是高利贷，是借出者在钱财借出期间无法使用它们而对这段时间收取的代价，但时间是属于上帝的。他认为，只有对拖延还债的债务人收取附加费才是合理的。阿奎那针对利息的观点是能说得通的，因为按照常理讲，那时人们不会将借来的钱拿去投资，以在日后获得更高收入。当时几乎不存在这种商业操作，更多情况是靠借来的钱度过困难时期或者建造房屋。

阿奎那也认为公正极具重要性，贸易双方应平等受益。如果没有垄断、欺诈和隐瞒所得，就能实现"公平价格"。因此，每个市场参与者都必须努力创造公开透明的竞争氛围。然而，公平价格还取决于供应者的社会地位，还有所投入的劳动。卖方如果对自己之前在别处购买的商品抬价，则必须付出相应的劳动，比如运输。

苏格兰哲学家约翰·司各脱也研究了合理的价格。他认为，必须考虑生产和储存商品的成本，以及商人所承担的风险。他得出的结论是，无法客观确定一个合理的价格。

相反，晚期经院哲学家让·布里丹和他的学生尼科尔·奥雷斯姆研究的主要问题是货币的本质和价值。布里丹认为，降低货币的贵金属含量，动摇了货币的根本。经济学中流传着一种布里丹发明的思想模型"毛驴效应"：假设有一头驴面前放着两堆等量的干草，它无法决定先吃哪一堆，最后只能在纠结中饿死。决策理论后来借用了这一模型。但据推测，这一模型不是由布里丹本人提出的，而是他的一个反对者，其目的是抨击他的一个主张：没有足够合理的动机，意志就无法自由选择。

布里丹的驴在两种意见之间摇摆（一幅 19 世纪的法国插画）

布里丹的学生奥雷斯姆提出了一系列论点，其中部分针对教会学说，旨在说明后者并非牢不可破，从而为经济科学打开了一扇窗。奥雷斯姆在经济学领域的最大贡献，出现在他 1357 年出版的《论货币的起源、本质、法律和贬值》一书中。这是第一部有关货币和货币贬值的专著。奥雷斯姆试图消除人们关于稳定货币价值的重要性的疑惑。他也是亚里士多德的粉丝，也把金钱视为社会财产，认为人们为得到金钱而工作，所以它才有价值。铸造钱币的领袖无权任意铸币，使货币劣化,这会导致良币难以流通。这就是"劣币驱逐良币"的雏形,后以伦敦证券交易所创始人托马斯·格雷欣——据说他也提过类似表述——的姓氏被命名为"格雷欣法则"。根据这一法则,劣币的银含量较低,却能将良币挤出市场,原因是市场参与者更愿意囤积良币。

锡耶纳的圣伯纳丁是阿奎那思想的继承者,他在奥雷斯姆之后整理了经院哲学的经济思想。他为商人经商的正当性提供了理论支持:由于上帝赋予了商人一定才能,他们通过对经济和社会有益的工作来谋利。而且,他们愿意承担风险。

德国的晚期经院哲学家加布里埃尔·比尔也强调了企业家精神的重要性,同时也强调了合同自由,甚至对"公平价格"学说的实用性质疑。如果所有贸易伙伴都不能从中获利,贸易根本无法实现。比尔通过有力的合同协议,支持了规避教会利息禁令的理由,并且抵制了"不许使用硬币交换"的禁令,因为货币只有在自由交换的环境下才能充分发挥其效力。

正如已经提到的,对许多经院哲学的知识以及西方思想进一步发展的认识,都要归功于阿拉伯地区的思想家。在阿维森纳、阿维罗伊之后,伊本·赫勒敦的贡献也十分突出,其在1401—1402年出版的《历史绪论》一书,是阿拉伯经典文学著作。伊本·赫勒敦试图用各个社会的秩序、法律和规则来解释历史的进程,这种尝试非常有趣。早在亚当·斯密之前,他就在国家任务和经济自由之间划出了界限,从而限制了国家的权限。国家必须保障金融安全,依法监管造币行业,但绝对不要完全接管经营良好的私营部门,因为这也会打击人民的主动性。此外,国家不应与私营部门竞争,因为过度的国家干预会破坏私营部门。

由于以欧洲为中心的观点，伊本·赫勒敦的思想和成就仍未得到充分重视。

1453 年，奥斯曼土耳其帝国征服君士坦丁堡，阻断了丝绸之路，欧洲人开始寻找通往印度的海上航线，结果众人皆知——葡萄牙航海家达·伽马开辟了新航线，哥伦布"发现了"遍地财宝的新大陆。西班牙人在南美洲搜刮的黄金白银涌向了欧洲。地球竟然是圆的，一个新时代拉开序幕。在经济思想上，由于从南美进口了大量金银，欧洲人除了要考虑高利贷和公平价格的问题，又多了因货币数量增加导致的通货膨胀难题。

关于金钱和金钱价值，1526 年的萨克森公国出现了"硬币之争"，争论的双方是两派天主教徒阿尔伯蒂派和欧内斯定派。阿尔伯蒂派反对用大量白银掺入货币，认为会导致货币贬值；欧内斯定派正好相反，觉得这样做货币不会贬值。

关于贵重金属、金钱和造币的经济意义，已成为西班牙要思考的主题——它得益于新大陆的发现，已立于强国之林。在西班牙诞生了著名的晚期经院哲学流派"萨拉曼卡学派"，创始人是弗朗西斯科·德·维多利亚。他出身于被迫皈依基督教的犹太家庭，属于多明我会。

萨拉曼卡学派的理论来源是对托马斯·阿奎那《神学大全》的解读，属于一种批判的现实主义，在西班牙人发现新大陆后，维多利亚试图将阿奎那思想与经济变局结合起来。

维多利亚没有留下任何作品，但学生们把他的讲稿记录保存了下来。他提出了殖民地伦理学，试图厘清殖民地人民的基本权利，并为殖民地经济行为定下规则。最重要的是，他提出的国际法与此前不同，关注的是人与人之间的关系，这使他成为现代国际法的鼻祖。

维多利亚的学生多明戈·德·索托关注社会问题的研究。他赋予穷人自决的权利，他赞成多明我会的巴托洛梅·德·拉斯·卡萨斯的提议，即尊重美洲原住民的人权。但是，德·索托在1545年出版的《给穷人的建议》一书中明确拒绝乞讨，因为《圣经》承认贫困的存在，这也为富人的慈善行为提供了可能。德·索托认为，在神的国度中，人应该屈从于命运，而这一观念间接导致了西班牙社会和经济改革的停滞不前。

和维多利亚、索托同时代的另外两个西班牙人——胡安·卢斯·维韦斯和胡安·德·罗伯斯——对贫困和乞讨问题有着不同看法。维韦斯和维多利亚一样是被迫改信基督的犹太人。他曾在英国国王亨利八世的宫廷任职，是玛丽公主（后来的玛丽一世）的家教，他在作品里大力宣扬科学和方法论的进步，反对经院哲学。他在1526年发表的《帮助穷人》，是第一篇关于乞讨行为的专业论文。他在其中谴责了某些形式的乞讨以及富人的冷漠。他呼吁要让穷人工作，让他们的孩子接受教育，还要有针对性地救济。维韦斯的言论影响了许多改革者，但也遭到了许多传统的实力派分子的坚决反对。

胡安·德·罗伯斯又名梅迪纳，是一个本笃会修士。他在1545年出版的《关于在西班牙的某些村庄提供施舍以帮助真正穷人的法令》一书中提出了最早的人力资本理论。梅迪纳的思路十分吸引人，他认为，人的律法与上帝的律法是不同的。因此，人应该通过工作尽量增加自己的财产。西班牙王室和教会都拒绝承认他的观点。

萨拉曼卡学派的马丁·德·阿兹皮库埃塔和他于1549年出版的《对交易所交易的决定性评论》一书，为经济思想的大厦又添上了新的砖瓦。利息达到多少算是高利贷，达到多少算是服务报酬？根据他的观点,利息是对钱财外借而导致的利润损失的合理补偿。但是,运输金钱当中承担的风险也应该考虑进去。阿兹皮库埃塔还提出了一种重要的早期货币价值理论,将货币视为一种特殊商品,在不同地方、不同条件下允许有不同价格。

萨拉曼卡学派的另一代表人物是耶稣会士路易斯·德·莫利纳。他在教会中颇受争议,因为他认为人拥有自由意志,人的行为与上帝的恩典没有必然联系。他于1614年出版的五卷本《论正义与法律》在他去世后对法律产生了深远影响。在经济学上,莫利纳还为自由派后期的商业伦理做出了贡献。他曾论证竞争秩序和定价问题。在莫利纳看来,"正当价格"是自然交易产生的,而非来自商人的成本。莫利纳认为,垄断是有害的,它人为提高了价格。

晚期的经院哲学学者、多明我会修士托马斯·德·梅尔卡多不属于萨拉曼卡学派。他曾任塞维利亚贸易行的道德担保人,并于1569年出版了《交易和合同总论》,此书是当时银行家和商人的从业手册,是贸易行业和银行培训的雏形。梅尔卡多扩展了阿兹皮库埃塔的研究范围,添加了有关货币跨境购买力的内容。此外,他通过论证汇率交易中的利润在道德上是合理的,因为它们是由市场法则所创造的,旨在打破旧的学术规范。

有一个人见证了中世纪晚期和近代早期的过渡,他是比利时的晚期经院哲学家伦纳德斯·莱休斯。1605年出版的《法学与正义》一书,使他成为新的天主教社会教学之父和早期资本主义理论家。

莱休斯最著名的事迹是关于安特卫普证券交易所的论述,他常常以全新视角审视货币和股票交易。他得出一个结论:市场对经济的调节往往比国家调节更好。这明确反对那时的主流观点。莱休斯不愿取消基督教对高利贷的禁令,转而诉诸一种照顾商人需求的商业道德。因此,他将托马斯·阿奎那的教义——比如把劳动定义为上帝的旨意——与确保资本和利润的必要性挂钩。借此,他成功扭转了中世纪后期人们对利率认识不足的情况,并且为后来利润导向的商业活动铺平了道路。

04　小整体和大整体

手工业行会和近代乌托邦

看不懂数字的人难以识破诡计。

——（据说是）亚当·里斯

所有的事情都是好事是不可能的，除非所有人都是好人，我也不敢奢望这个目标可以在不久的将来实现。

——托马斯·莫尔《乌托邦》

我们喜欢将历史划分为不同的时期，并且往往希望它们适合某个理论的框架，所以，关于什么东西几时开始，总是存在争议。此处亦然。比如，下面这个问题就一直存在争议：什么时候有了第一家银行？尽管在美索不达米亚就已经有许多与金钱相关的活动，其职能相当于今天的银行，例如记账、外汇交易。在古希腊，人们可以通过寺庙获得贷款，它们还提供担保，商人可以在此借钱。在埃及托勒密王朝的统治下，已经有了一家国家银行。

历史上著名的"圣殿骑士团"也是一种银行组织，在十字军东征期间，他们沿途创造了一张覆盖整个欧洲的传奇性的金融网，许多城堡都充当了他们的金库。圣殿骑士团同时经营银行业务，例如外汇交易。圣殿骑士团的金融服务帝国，在14世纪初的法国国王菲利普四世的压力下被摧毁，但严格说来，它不算一家真正的银行。

"银行"（bank）一词，源自货币兑换商的记账表，而严格意义上的银行业源于文艺复兴时期的多座意大利新兴城市。从13世纪起，银行业在佛罗伦萨和其他意大利城市蓬勃发展。通过银行业务，美第奇家族一跃成为欧洲最强大的家族之一。银行机构的兴起以及后来的第一批全球性贸易公司的出现，往往伴随着中世纪后期城市的兴起。不提威尼斯、帕多瓦、热那亚这样的意大利城市，就连奥格斯堡和纽伦堡这样的德国城市都凭借有效的商业活动在当时留下了许多历史记忆。

15世纪于意大利兴起的文艺复兴运动，以人为本，赞美人类的普遍理想。在文艺复兴时代，人们逐渐摆脱了经院哲学，将重心转向自己的思想和对世界的看法。达·芬奇等天才艺术家，扩展了人们的经验和知识；马丁·路德后来将个人选择列为了信仰的一部分，为寻求知识进行宗教斗争。几十年后，弗朗西斯·培根强调了知识的力量和科学的优势。他的人生信条"知识就是力量"，源于他在1597年出版的著作《神圣的沉思》，其含义是"科学本身就是一种力量"。在经济生活中，大量的商人登上历史舞台，他们不是通过高贵的血统，而是通过经济活动获得了财富、权力和影响力，以此逐渐改变了社会。

从经济学的角度来思考，近代的开端从本质上来说是一系列社会巨变——君士坦丁堡的陷落、印刷术的发明和美洲新大陆的发现。除了前面提到的萨拉曼卡学派之外，经济学还有两大新发展：第一，人们开始更仔细地研究当下生活，思考如何优化生活中的行为。这促成了第一部广义的"企业管理著作"诞生。第二，人们开始仔细研究社会全局，探索科学方法论问题，以及社会的最佳形态问题，当然，主要还是关于第一种前瞻性的思维方式的问题。

改善生活的实用观点源于"经济利益"的想法，是由意大利思想家卢卡·帕乔利提出的。他是达·芬奇的朋友兼数学老师。达·芬奇还鼓励他写一篇关于黄金分割的文章，他亲自来画插图说明。帕乔利于1494年出版的《算术、几何、比及比例概要》，可能是第一本印刷的数学书。在书中，他搜集整理了那个时代的数学知识，为普及斐波那契、阿尔奇瓦里兹米的作品做出重要贡献。他在书中还论述了贸易和交换。书中最著名的段落是第11章"簿记论"，在其中，帕乔利提供了对复式簿记法的早期解释，即所谓的"威尼斯式"记账法，使商人能随时掌握自己的商业动态。这彻底颠覆了商业的记账方式，并产生了明显的经济效益，这也使他这本书成为那个时代最畅销、最普及的数学书。

帕乔利本人不是复式簿记法的发明者，这一方法最早能在四卷本《商业艺术之书》中找到，这本书是由现代贸易理论的先驱、那不勒斯商人本笃·科特鲁利所著。他在书中记下了复式簿记法，并传承下去。在科特鲁利去世25年后，帕乔利才出版了《算术、几何、比及比例概要》。科特鲁利本人的书则在他死后104年才得以出版。

在现代，"资本"（capital）一词逐渐渗透到经济学当中。它源于拉丁语词"capitals"，最早又来自"caput"，意为"头"。从"capitalis"开始含有头或重要事物的意思，它吸收了"洞穴"（cavedal）一词，指一个人住宅里的全部财产。威尼斯人卢卡·帕乔利曾经使用这一术语。在奥格斯堡，德国富商雅各布·富格尔的总会计师马修·施瓦兹在1519年出版的《三式簿记》一书里，最早将商品台账写作"Kaput"。

因此，资本就是财产或财富的意思。那么，到底什么是资本主义呢？资本主义是一种以私有财产权为特征的经济秩序，在其中，人们使用其财产作为生产资料来生产商品，满足需求，然后在市场上出售。通过供需关系形成价格，使商品和货币能够进行交换。只要有市场存在，就会有资本。

在德国也产生了大量关于资本的著作，这些书为商人、公司经理提供了更好的日常指导。算术大师亚当·里斯用德语撰写了代表作《线和笔的计算》[1]，用印度传来的阿拉伯数字教人计算。在他还在世时，这本书就加印了一百多次。即使在几个世纪后，人们依然还会用"亚当·里斯"来称呼高额账单。

为了遵循当时的风尚，德国博物学家乔治·鲍尔将自己的名字拉丁化为格奥尔格乌斯·阿格里科拉。他深入研究了采矿业，成果收录在其著作《矿冶全书》中。1556年，该书在他去世后几个月得以出版，书中阐述了采矿企业组织、技术与经营管理，这对采矿业的研究做出了基础性的贡献。他的作品远比保罗·尼维斯的作品更著名。保罗·尼维斯本名保罗·斯尼夫哥尔，也是把德语名字拉丁化了。他的著作《诸神对采矿的判决》于1495年左右出版，主要描述了埃尔茨山脉的矿石分类。

随着商业贸易的发展，跨越经院哲学的过程不仅受到其方法论内部的驱动，尤其是对"科学是什么"这一问题的思考，也受到了新的神学观点的驱动。这种观点最终导致了基督教会的大分裂。

德国修士兼神学教授马丁·路德发表了著名的《九十五条论纲》，

---

[1] 这在当时很罕见，因为文化界的主流语言是拉丁语。

不仅将个人的内心信念与信仰区分开来，还认为人类的一切工作在上帝面前都是平等的。工作既是上帝的诫命，也是上帝对人类的召唤。路德对履行义务和勤勉的高度赞扬，影响了新教的经济伦理。路德在《关于高利贷的布道词》《论购买活动和高利贷》《论利息券》《给牧师们的谕示：布道时要反对高利贷》四篇著名文章中，阐述了关于经济的问题。他在《论购买活动和高利贷》中评判了一种经济现象——商品的实际价值和交换价格、货币和服务——并再次研究了经院哲学的主题。他大力抨击当时强大的富格尔和韦尔瑟两大贸易家族的商业手段。在路德看来，奢侈品进口导致了高利贷，因为它使钱从本国大量流失。这就是一种早期重商主义思想。

托马斯·闵采尔是路德改革的竞争对手。他认为路德不是一个前后一致的人，因为路德没有试图发起社会革命。他呼吁建立上帝的地上王国，所有财产属于全体人民。他于1524年在阿尔斯特发布的《对诸侯的布道》中传达了一个重要信号：人们不再是教会的附庸，而是可以自主自决的个体。闵采尔主张解决社会困难、消灭不平等，并强调这些对社会和道德的意义，在这方面，他远远领先于自己的时代，成为近代革命家的榜样。

在瑞士，宗教改革家约翰·加尔文宣传着他的救赎预定论：上帝已经预先确定了个人的道路，谁注定要被诅咒，谁注定会上天堂；这不是人类能够推断的，但是在人世上的成功是注定去往天堂的象征。马克斯·韦伯后来在他著名的新教论文中研究了这一点。韦伯认为，加尔文的理论是现代资本主义的起点。加尔文的教义在新兴的荷兰广为流传，对于韦伯而言，它们对现代西方工业化国家的发展至关重要。

除了新神学角度下的工作、贸易和经济外，新时代也是乌托邦的鼎盛时期。乌托邦（Utopie）一词源于古希腊语的"不是地方"一词，"ou-"意为"不是"，"tópos"意为"地方"。尽管思想史上已经出现过乌托邦——比如柏拉图设想的理想国，但后来也冒出了很多新的类似思想。

路德的对手托马斯·闵采尔也设计出了社会乌托邦。他甚至着手实施这些设想，想和叛乱的农民一起实现自己的上帝之城，在这个国度里不存在私人财产。加尔文则试图在日内瓦的神权统治中实现他日常服务上帝的严格准则。

就乌托邦思想而言，以这种类型命名的作品，最为著名和最有影响力的是《关于最完全的国家制度和乌托邦新岛的既有益又有趣的全书》，简称《乌托邦》，作者是托马斯·莫尔，取了一个拉丁化的名字叫托马斯·莫鲁斯，他是当时英国最重要的政治人物，担任过亨利八世的首相。英格兰教会分裂后，莫尔拒绝向亨利宣誓出任新教会的负责人，最后因为叛国罪被处决。

这本书以对话体叙述了一个乌托邦，讲述了前往快乐居住地的虚构旅程。他们消除了不平等的外部特征，生活在一个普遍包容性的社会中。在乌托邦里，人们打破了脑力和体力工作的界限，共同努力，不断增加社会财富。莫尔比柏拉图更坚定不移地反对私有财产和货币交易。《乌托邦》写道："只要有私有制的地方，就难以有公正和繁荣。因为人们会用钱衡量事物。除非你觉得一切最珍贵的东西都被坏人占有符合正义，或者极少数人瓜分所有财产，其余人穷困潦倒符合繁荣。"

《乌托邦》1518年3月版插图（巴塞尔大学图书馆藏）

  莫尔的这一设想，成为后来许多乌托邦政治的模板，而他创造的文学体裁，成为政治批判和阐述未来社会新观念的重要工具。几个世纪后，卡尔·考茨基称莫尔为"乌托邦社会主义之父"，而马克思和恩格斯新造的术语"空想社会主义"，主要是用来批判此前的所有社会主义设想，以区别他们开创的科学社会主义。

  《乌托邦》启发了整个时代，莫尔死后约一百年，出现了多部同类著作，这些作品一直被探讨，并在21世纪初成为研究热点。1623年就有这样一本书面世,讲述了一个虚构的"太阳城",作者是意大利多明我会修士托马斯·康帕内拉。由于被卷入一场政治阴谋,他在牢狱中度过了 27 年,并在那里写出了《太阳城》。康帕内拉的《太阳城》开始于水手和修士之间的对话,水手讲述了他在最后一次旅行中游览过的理想国。那里没有私产,废除了货币,以物易物,剩下的物品用于对外贸易,以获取岛上的稀缺资源。公民有义务进行公共劳动,但一天只有四个小时。工作之外的闲暇,则属于游戏和教育活动,这才是公民生存的主要目的。康帕内拉的乌托邦设想为巴拉圭建设耶稣会国家提供了指导。

1627 年,弗朗西斯·培根的遗作《新亚特兰蒂斯》于英国出版,题目和内容都暗示了柏拉图提到过的失落的国家。培根在书中渗透了社会平等的思想,这深深影响了去往美国的英国殖民地定居者。值得一提的还有培根的同胞杰拉德·温斯坦利,他是"掘土派"(又称真正平等派)运动的精神领袖。掘土派是早期的农业社会主义者,一开始占领和开垦荒地,后来遭遇迫害,逐渐消亡。温斯坦利在 1652 年出版《平台上的自由法》一书,呼吁废除一切土地所有权,并提倡以交换经济代替货币经济。他主张消灭饥荒,教育平等,而且必须废除教会,代之以一种新的空想社会主义宗教。据推测,温斯坦利死于英国内战的动荡中,就此消失于历史长河。

詹姆士·哈林顿曾是查理一世国王的宫廷总管,据称,他在国王被处死时还亲自把国王送到了断头台上。他在三十年战争和英国内战的影响下也构思出一个乌托邦,其代表作《大洋国》出版于 1656 年。哈林顿设计了一个国家,其口号是"统治代表法治,而非人治"。在大洋国里,只有 30 条规则(法令),但国民必须严格遵守,这里的土地所有权平均分配，因为经济权力就是政治权力。

　　这些乌托邦都具备了早期的社会主义特征，更重要的是，包含了一种充满希望的人性形象，在这里，贪婪、自私和虚荣彻底消失。后来，这种人性化观念经由卢梭普及给欧洲大众，再后来，法国大革命中的弗朗索瓦·诺埃尔·巴勃夫也做过相关研究，并最终启发了马克思。

05 国家也是一种企业

重商主义和官房学派

> 我们每年卖给外国人的货物的价值,要大于我们消费的外国商品的价值。
>
> ——托马斯·曼恩
>
> 我下定决心要证明奥地利高于一切,只要她愿意。
>
> ——冯·霍尔尼克

当西班牙人发现了美洲,将大量金银带回了欧洲时,教皇统治下的基督教正在逐步分裂。国家与教会的关系发生了翻天覆地的变化。诸侯和国王的统治备受质疑。人们不禁要问:这真是上帝的旨意?最初的普遍答案是,上帝的目的从未改变,但一个强有力的绝对统治者对社会发展的意义,正成为社会争论的焦点。接着,在这种专制主义的国家观念中产生了重商主义,它是最早的基本建立在复杂理论之上的经济概念。

重商主义(Mercantilism)或者说官房学派(Cameralism)的兴起,可以看作西方现代国家的开端。作为一种维护专制统治者合法性的理论,它最早详细地讨论了行政管理和经济组织的任务,并综合成了一整套思想架构。在重商主义架构中,商业的发展有了更大的自主权,商业的复杂性和商人的权力也有所增加。在殖民美洲的过程中,在为王室提供资金,将贸易扩展到东亚的过程中,都有富格尔和韦尔瑟这些贸易家族背后持股的迹象。

在荷兰,商人们甚至能控制整个国家。商人筹资建造装备精良的船只,要去遥远的海岸买卖香料。但个人没有足够的资本,不能独自承担全部贸易风险,因此,1602年,荷兰商人在阿姆斯特丹成立了最早的合资企业之一——东印度公司。这种分散风险的合资企业,使大胆的冒险成为可能,如远洋航行。东印度公司发行了世界上第一批股票,不久后世界上第一所证券交易所在阿姆斯特丹成立。

资本首先是一种金钱。因此,最早资本主义的诞生被理解为通过投资来赚钱。最初由富格尔家族和韦尔瑟家族组成的股份公司,将风险分散给几个股东。这种资本企业至今依然普遍。

17世纪是荷兰黄金时代的早期,著名法律哲学家胡果·格劳秀斯在1609年出版的《海洋自由论》中提出了对自由运输权的需求,这是国际法的重要基础。在1625年出版的《战争与和平法》中,他进一步深化并扩大了这一构想,从法律上为贸易自由铺平道路,他还因为对人类自然权利的构想,为现代欧洲的社会公正做出了贡献。

在荷兰发展成一个商人共和国的同时,许多君主制王室反而走上了专制道路。其代表国家是法国,哈布斯堡王朝倒台后欧洲人口最多的大国。

法国哲学家、政治理论家让·博丹于1576年出版的《国家六论》,是专制主义和与其相关的重商主义经济秩序的理论基础。博丹原本是个律师,后来当上了宫廷检察官。他在书中将国家的主权归于君主的绝对权力。与马基雅维利不同，他的目的不是权力本身，而是在他构想的完整主权框架内为宗教和政治宽容留有一些余地。然而，与他的初衷不同的是，他的"恐怖，而非无政府状态"这句名言，给君主暴政留下了操作空间。

后来，在三十年战争和英国内战背景下，英国思想家托马斯·霍布斯在1642年的《论公民》和1651年的《利维坦》两本书中重申了这一点——绝对权力高于一切。在《论公民》中有一句名言："人对人来说是狼。"人的贪婪总是会导致战争。因此，他们必须将所有权利让渡给一个权威，以制止这种贪婪，并且保证和平与共同利益。霍布斯想通过一种社会契约来巩固权力，而这位无神论者不认为权力是上帝赋予的，国王的权力也不是。霍布斯使现代国家的概念前进了一大步，这种概念源于人与人之间签订的契约。尽管霍布斯本人并没有明确支持某一阶层，但他的思想最终被用来为专制主义辩护。

我们再回到让·博丹。他的《国家六论》也涉及经济学。书中介绍了积极的外贸平衡的想法，建议对进口货物征收高额关税，对原材料实行出口禁令，而在出口外国急缺的商品时，也要征收关税。其中还包含一些重商主义的思想，即国家的福利水平随着所持有贵金属数量的增加而上升。在后来的作品中，博丹同样谈到了货币问题，并为后来大卫·休谟的货币量化理论打下了基础，休谟将价格上涨归因于硬币中贵金属的减少，货币数量与货币价值呈反比。

在货币领域，1588年意大利学者贝纳多·达万扎蒂出版了《货币论》。他发现人们对于货币缺乏足够的知识，因此他十分沮丧。他在书中分析了货币的本质，描述了铸币成色降低和贵金属进口导致的通货膨胀。除了博丹以外，达万扎蒂也是最早提出货币数量理论的学者之一。

意大利学者安东尼奥·塞拉在1613年发表的《简短论文》，长期被人们忽略，但在18—19世纪逐渐走入人们的视野。因为他在文中最先提出将国家经济视为一个有机整体，还提出了影响国际收支平衡的因素。他指出，经济的持续发展取决于其表现出的能力，而黄金流出以及由此造成的国际收支逆差，应该归咎于经济本身的失衡。这是此前从未有过的观点，但是直到二百年后的18世纪中叶才得到加利亚尼等人的认可。

重商主义一词源自法语的 mercantile，意为"商人的"，后指代一系列经济思维方式，它们有一个共同特点——国家要尽可能干预国内经济，以加强本国的经济扩张。同时，国家在对外贸易中必须保护国内经济，比如说征收关税。目标是实现外贸顺差。本国必须赢利。从广义上讲，这是法国重商主义的变体。

法国的重商主义与它的提出者让-巴普蒂斯特·柯尔贝尔有着密切的联系，他作为路易十四的财政部长，提出了将国家视作一个大型企业的想法。他的理由也很充分：路易十四为了彰显权力而建造的凡尔赛宫需要资金支持，就像国王的军队需要钱那样。

柯尔贝尔的重商主义（也称"柯尔贝尔主义"）有两个目的：一是扩建工厂，二是追求外贸平衡，其中外贸出口的价值高于进口。要实现这两个目的，需要该国行政机构和基础设施的强力支持。最终，该国不断增长的经济将遏制昂贵的进口。柯尔贝尔取消了内部关税，并提高对外的保护性关税。他支持商人，要求纳税人适量纳税："税收的窍门就像拔鹅毛，鹅毛越多越好，而叫声越少越好。"这是他的一贯信条。

在理论上，柯尔贝尔征引了一百多年前博丹的基本思想，而他自己的著作却没有参考任何同时代的理论。柯尔贝尔可能已经接触了巴特勒米·德·拉斐玛和安东尼·德·蒙克莱田的作品，因为他的偶像里切利厄大主教曾读过那两人的作品。拉斐玛曾呼吁政府资助工厂，蒙克莱田也有过类似观点。

柯尔贝尔时代的法国，几乎没有再诞生新理论。有一个例外是由柯尔贝尔的朋友、皇家军事工程师塞巴斯蒂安·勒普雷斯特雷·德·沃邦开创的理论，后在19世纪被劳伦斯·冯·施泰因正式纳入金融学领域。沃邦1707年私自出版的作品《王国什一税案》，对柯尔贝尔重商主义中的封建税制进行了全面批评。沃邦呼吁进行税收改革，废除所有州和地方的税收特权，建立统一税制。然而，沃邦失去了王室的支持后深受打击，在书出版的同一年去世了。

柯尔贝尔主义化为实际的政策时，相当依赖国家的法规法令和实用指示。因此，商人、公务员雅克·萨瓦里被称作现代经济思想家，他为柯尔贝尔和路易十四效力，并且是改革委员会的重要成员。作为现代企业管理理论的鼻祖，萨瓦里反复被要求总结出他的指导性备忘录。这促使他在1675年出版了代表作《完美的买方和商人》。

萨瓦里的作品在法国广为流传，因此，法国第一部成熟商业法被命名为"萨瓦里商事敕令"。《完美的买方和商人》是第一部通行的经商教材和实践指南。萨瓦里强调秩序在业务中的意义，他不仅探讨了商业法和公司法，还涉及了几乎所有的商业领域，包括结算、学徒地位等。萨瓦里的两个儿子（他与妻子生了17个孩子）也出版了一本商业辞典，后来启发了德国人卡尔·君特·卢多维奇，后者于1752—1756年出版了一套五卷本的商人辞典。

关于重商主义思想的诞生，最初的诱因是一种来自法国的批评观点。在柯尔贝尔去世后，1683年，路易十四驱逐了胡格诺派教徒，却因穷兵黩武摧毁了国家财政。皮埃尔·德·布阿吉尔贝尔在鲁昂担任最高法官，从1690年起专心研究经济问题。今天，布阿吉尔贝尔是公认的重农学派先驱，但他的思想中已经出现了反对重农学派的思想萌芽。他可以说是自由主义经济的先行者，因为他看到许多人的财富增长与经济增长紧密相关，这一观念使他的思想更接近亚当·斯密，区别是他希望将加强农业作为经济发展的重点。布阿吉尔贝尔早在其他重农学派学者之前，就将经济视为一个有机整体。在他看来，必须尽可能增强这种有机整体的力量，而非减弱它，比如，他认为法国农业衰落的原因是禁止谷物出口。

布阿吉尔贝尔，法国古典政治经济学创始人，重农学派先驱，也是自由竞争的先驱

布阿吉尔贝尔在 1707 年出版的《法国详情》一书中提出了著名原则"自由放任!"（Laissez nous faire !）。[1] 这是这句话首次以书面形式出现。早在 1680 年，一些商人咨询布阿吉尔贝尔，如何才能使经济更好地运转。据说，他并没有立刻给出答案，反而是另一个人回答："自由放任!"布阿吉尔贝尔还提出了价值和货币理论，发现了货币的价值并非取决于黄金价值，而是取决于其在经济中的作用，因此货币价值建立在一种"社会理解"的基础上。他甚至最早提倡发行纸币。

前面提到过，重商主义思想既不是老调重弹，也从未被严格贯彻。其主要特征是：将外贸理解为一种零和博弈[2]，以及实现积极外贸平衡的目标。德语国家的重商主义也被称为"官房学派"。它的特点是有时更为关注农业和人口政策；人口问题得到关注是因为 1618—1648 年的三十年战争，为德国各州带来了巨大的灾难，致使地方人口锐减。

萨克森州临时议长梅尔基奥·冯·奥西是最早把经济学当成一种科学，并将其规范化的人。他察觉到：王侯的利益与国家利益紧密相关，并且其统治权是上帝赋予的。他认为：王侯的财政需求必须以与其领土财产配合有效的财务管理来满足；王侯只有在战争时才能征税；硬币的面值和实际价值必须相等。奥西建议调节食品价格，通过限制进口保护本国经济，这大大影响了早期重商主义的理论和实践。

贾斯图斯·克里斯托夫·迪特马是法兰克福大学经济政治学和官房学派专业的第一位正式讲师，但他的研究更多被局限在对现有秩序的描述中，而非深入研究某一种秩序，更未涉及理论、模型和解释的演变。

1　意思是："让我们不受干扰地干自己想干的活儿吧!"
2　博弈论的一个概念，指参与博弈的各方，在严格竞争下，一方的收益必然意味着另一方的损失，博弈各方的收益和损失相加总和永远为"零"，双方不存在合作可能。

约阿希姆·乔治·达吉斯后来也在法兰克福大学教书。1756年，他在主要著作《官房科学的第一原因》中只描述了该州的研究机构本身，而非官房学派对经济学的贡献。

此外，哥廷根学者戈特弗里德·阿亨瓦尔是公认的德国统计学的奠基人。他主要研究的是历史、自然和国际法。著名哲学家伊曼纽尔·康德在阿亨瓦尔的基础上完成了关于自然法的讲座。在经济学方面很重要的一点是，阿亨瓦尔关于经济的评论都植根于国家治理和社会，从而可以高屋建瓴地看待其相互关系，只可惜他没有把这些关系总结成一个体系。

在建立体系方面贡献最大的官房学派学者是约翰·海因里希·戈特洛布·贾斯蒂和约瑟夫·冯·索南费尔斯。他们的主要作品书名都差不多。贾斯蒂于1756年出版了《官房科学原理》，并出版了关于开明专制主义国家的思想及其经济思维的著作。在书中，除了对著名的官房学派（重商主义）进行分析之外，他还将一个国家的财富归因于对外贸易、人口增长和采矿业。要想达成贸易顺差，就要进口廉价原材料，出口昂贵成品。有趣的是，他认为国家肩负着确保人民幸福的最高任务，包括它所代表和统治的所有穷人。但他也强调，国家始终高于经济和社会。贾斯蒂以一种家长式的态度认为，国家为公民幸福而努力的原因是，公民作为个体力量太小。因此，贾斯蒂提出了与后来的亚当·斯密截然不同的个人自由主义，他认为，个人能通过自己的行为促进共同利益。

奥地利思想家约瑟夫·冯·索南费尔斯称赞说，贾斯蒂是"唯一一个将国家科学与所有经济分支融为一体的人"，他的任务就是创造普遍的幸福。索南费尔斯的主要研究领域是政治行为和金融学，收录在他1765—1776年出版的三卷本著作中。

另一个奥地利人威廉·弗雷赫尔·冯·施罗德凭借其1688年的著作

《侯爵宝库和财务处》被载入经济思想史册。他的男爵头衔是自封的，而且他是一个绝对主义者、霍布斯理论的支持者。他不仅提出了关于增加诸侯财富的建议，而且提出了关于制造、销售、利润和产量的统计数据。他称它为"国家的眼镜"。他还呼吁建立一个"情报机构"，该机构向所有市场参与者提供商业情报，并且接受他们提出的请求。他的作品更多是实用的指南。

绰号"奥地利人"的医生约翰·约阿希姆·贝歇尔，最后却成了一个德国人，因为他娶了美因茨大主教的参议员路德维希·冯·霍尔尼克的女儿，并在22岁获得了美因茨大学的医学教授职位，成为大主教的私人医生。作为一个博学的通才，他几乎在经济学所有领域都写过论文，还处理过现实的经济问题：他在巴伐利亚任职时，曾深入介入经济改革。在神圣罗马帝国利奥波德一世的宫廷里，他终于能将自己的理论付诸实践。他建立了工厂，扩大了对外贸易，但最后在英国伦敦因病去世。他在1668年出版的《政治论述》一书中，提出了一个社会和经济概念：在上帝设计的和谐秩序中，由其任命的英明权威领导人民，不滥用权力，实行市场管理、区域分工和价格保障。

贝歇尔的妻舅菲利普·威廉·冯·霍尔尼克陪他去了维也纳，还协助他撰写了主要著作。1684年，他自己也出版了《奥地利可以任意而为》一书，当时，奥地利受到法国和奥斯曼帝国的威胁。霍尔尼克为富国强兵提供了建议。他主张如下：限制进口，同时增加能生产进口商品的工厂；放弃贮藏黄金和白银，让它们自由流通；奢侈品应该在国内购买，如果一定要进口，最好只通过贸易交换取得；进口的原料要在国内进一步加工，再出口到偏远的地区。即使国内商品价格是国外商品的两倍，也一定会有市场。霍尔尼克的著作是公认的关于德国重商主义最详

贝歇尔是一个通才，他是医生、炼金术士、物理学家、经济学家和探险家

细的集大成之书，书中的理论在玛丽亚·特蕾莎和约瑟夫二世统治下的奥地利商业活动中被推广了数十年。

在法国柯尔贝尔主义影响下支持重商主义和官房学派的人，更像是一种国家主义者，倾向于计划经济，而英国的重商主义更关注对外贸易、关税和汇率问题。最重要的是，英国人解决了贵金属流出的问题。在17世纪20年代，英国人马林斯和米塞尔登在一场论战中探讨了岛上经济危机的原因。杰拉德·德·马林斯是重金主义的代表人物，他认为导致英国贵金属流出的主因是汇率操纵。重金主义是英国重商主义的一种特殊表现。重金主义者要求禁止出口贵金属。但是，伦敦商人爱德华·米塞尔登则由此看到了贸易逆差引发危机的原因。

英国的重商主义政策伴随着一连串贸易战，使得英国在17世纪中叶到18世纪后期的国际战争中占有优势。当时，英国和法国都曾击败荷兰，彼此成为竞争对手。1651年，《航行法》开始实施，英国在克伦威尔的领导下仅允许本国船只进口货物。英国为了限制荷兰的中转贸易，引发了英荷海战（1652—1654），英国最终获胜。

由于英国遏制荷兰中转贸易而引发的英荷海战

在英国，重商主义总是伴随着争议，而这又受到其限制进口原则的影响。托马斯·孟证实了这一点，他是英国东印度公司的董事，也是英国重商主义最重要的思想家之一。他扩展了对外贸易总体平衡的概念，比如进口商品同时也会促进新的出口。他死后，于1644年出版的《英国得自对外贸易的财富》一书也提出了初步的解决方案。

孟并不是唯一关注自由贸易动机的学者。几十年后的约书亚·柴尔德也是英国重商主义的重要思想家，他加入英国东印度公司，逐渐成为该公司的重要股东和后来的殖民地总督，他也提出了重要的见解。柴尔德在1668年出版的《关于贸易和货币利息的简要观察》一书中主张低利率，因为货币作为贸易资本的功能将会受到高利贷的影响；只要他摆脱了重商主义，他就会要求实现自由贸易。

另外，查尔斯·戴维南特在其于1696年由东印度公司委托而发表的《论东印度贸易》这一论文中强调了国际劳动分工的收益，他也被认为是最早的重商主义思想家之一。1691年，达德利·诺思出版了《贸易论》。这位商人曾在地中海东部进行贸易，并且是英国财政部监督委员会的成员。诺思的著作由他的一个兄弟匿名出版。这是最早主张自由贸易、反对重商主义学说的论著之一。诺思认为，黄金出口不应该受到限制，国家不应该通过干预货币利率来施加影响，贸易不是国家之间的战场，而是一种共赢的活动。

英国对重商主义的经济研究做出了各种贡献，这些贡献被认为是后来的经济学科的开创性成就。威廉·配第被认为是计量经济学的开拓者之一。他是奥利弗·克伦威尔攻打爱尔兰军队时的战地医生，也是最早进行现代人口和建筑普查（这也有利于后来的税收收入统计）的人之一。在他去世后由他的儿子于1690年出版的《政治算术》中（他的大部分著作都是这样面世的），展示了国民核算，并使用了抽样调查的方法。他把调查结果从诺威奇市扩展到整个英格兰。配第是最早倡导将数学方法用于经济思维和研究工具的人之一。他要求用"数量、重量或度量"来进行表述，因此被称为"数学经济学之父"。150年后，安东尼·奥古斯丁·古诺才真正创立了数学经济学。

另一部被视为国民经济学的先锋作品，是格雷戈里·金在1696年出版的《对英格兰现状的自然与政治的观察和结论》。金本人是一位雕刻家，还是系谱学和纹章学的专家。他专注于人口统计，在他的书中添加了著名的需求表，从而得出了著名的"金氏定律"。由于尚不清楚戴维南特[1]是不是也提出过这一观点，因此，该法则也被称为"金-戴维南特法则"。基于格雷戈里·金的表格，人们发现粮食价格（以小麦为例）在供应减少的情况下（比如收成不佳时），与其他商品相比，价格成比例地上涨。

从17世纪下半叶开始，尽管起初尚未产生影响，但英国对货币理论做出了有趣的贡献。在本世纪初充满争议的重金主义的背景下，这可能不是巧合。例如，盎格鲁-威尔士律师赖斯·沃恩的《硬币与硬币的话语》发表了早期关于货币价值的详细分析，尤其是硬币价值以及减少硬币中贵金属含量的利弊。尼古拉斯·巴本在其1690年出版的《贸易论》中讨论了价值和价格，指出商品的效用决定了价格，金钱是由"法律创造的价值"。

---

[1] 戴维南特于1699年发表了论文《论如何使一个民族在贸易平衡中成为获利者的可能方法》。

伟大的哲学家、政治经济学家约翰·洛克

哲学家约翰·洛克在其 1692 年的《论降低利息和提高货币价值的后果》一书中也对经济科学，尤其是货币理论做出了重要贡献。其重大贡献之一是关于金钱的量化理论。洛克认为，市场根据流通的货币量确定利率是最有效的，因此他反对政府对利率形成的任何干预。洛克还引入了货币流通速度的概念，并区分了商品的价值和价格。因为价值取决于供求关系，而价格的形成却受制于可用的货币量。洛克认为财产来自工作的价值，从而极大地影响了亚当·斯密和大卫·李嘉图后来的开创性思想。

苏格兰人约翰·劳的经历十分独特，堪称经济史上的一段小插曲。

劳是一个花花公子，因为在决斗中杀死对手被迫逃离苏格兰。在随后的欧洲之旅中，他通过赌博和交易所投机发了一笔小财。在苏格兰金融危机时，他制订了一项改革苏格兰银行的计划，但遭到官方拒绝。他的思想体现在 1705 年出版的小册子《论货币和贸易——兼向国家供应货币的建议》中。书中建议把纸币作为金属货币以外的法定货币，纸币应由中央银行统一发行，并靠股票和土地来抵付。这样能获得更多资金，将活跃经济，促进整体繁荣。在法国，他从 1715 年起担任巴黎国家银行行长，成为法国最有权势的金融家。他还是密西西比投机活动的主要参与者，但是创新的股票发行最终导致密西西比的泡沫破裂。他又被迫逃离法国，在威尼斯度过穷困潦倒的晚年，直至去世。

英国重商主义最后、最重要的代表人物是詹姆斯·丹纳姆·斯图尔特。亚当·斯密曾在《国富论》中抨击了他的思想，却没有提到他的名字。斯图尔特跟斯密一样是苏格兰人，也是苏格兰独立运动的支持者，因此被迫长年流亡。他于 1767 年出版了代表著作《政治经济学原理探究》（两卷本）。这部著作对他那个时代的经济知识进行了全面的描述，包括详尽论述了重商主义。斯图尔特强调，实现积极的对外贸易平衡，是一国经济活动的主要目标，因此国家必须干预市场。与晚辈亚当·斯密不同，斯图尔特认为自由贸易毫无优势，主张出口补贴和进口关税。值得注意的是斯图尔特的这一观点，即国家经历了发展的不同阶段，自由社会将战胜奴隶制统治的社会。这个观点影响了古典主义和后期的历史学派。斯图尔特对农业产量发展和人口增长方面的研究尤其影响了马尔萨斯的人口理论。

让我们再回到约翰·洛克，必须了解一下他对国家和社会观念的拓展。在专制主义时代，一种克服了国家和社会的观念就此诞生。最重要的一点是，约翰·洛克提出了分权和国家作为个人权利（包括私有财产）担保人的想法。他在1682年的《政府论》中提出了自己的思想，为抵抗封建主义和专制主义提供了理论基础，并影响了后面几百年的政治思想和实践。洛克的设计，最早在1688年就影响了光荣革命，比如在《人权法案》规定下，国王和议会可以行使国家权力。

德国法学家和史学家塞缪尔·冯·普芬道夫与洛克同年出生。在1672年出版的代表作《自然法与国际法》中，他要求抛弃基于基督教教条的现行法律，转而遵循自然法。与早前的霍布斯不同，普芬道夫提到了一种尊重他人、不伤害他人的自由意志。由人民决议建立的国家形成了确保自然权利的框架，它必须保护不容侵犯的私人财产，以促进经济发展，并只征收最必要的税款维持国家运转。普芬道夫的思想影响了美国的开国领袖、英国政治学家约翰·洛克和德国哲学家康德。他的理论由其友人克里斯蒂安·托马修斯进一步发扬光大。

夏尔-路易·孟德斯鸠于1748年出版了代表作《论法的精神》，受洛克思想和光荣革命以来英国实践的影响，他在书中论述了统治者的意志不能作为立法的基础。在他之前，洛克最早提出了分权的方案，要将政府手中的行政权和议会手中的立法权分开，而孟德斯鸠补充了司法权，认为三种权力必须各自独立。在经济方面，孟德斯鸠主张自由贸易，因为它促进了社会的繁荣，也有利于各国人民之间的和平。但是他也设定了限制：他警告人们不要过度热心于交易，因为这会损害集体意识。

最应该提的是让-雅克·卢梭的思想，他与洛克和孟德斯鸠一起影响了人们对国家的认识，具体反映在美国独立战争和法国大革命中。卢梭的《论科学与艺术》一书出版于1751年，写作目的是回答一个有奖问题——艺术和科学是否有助于移风易俗？卢梭以他的答案赢得了奖项：答案是否定的，因为越来越多的社会问题，包括社会分工引起的分化和个性化，最终会导致社会同质性的消失和社会集体的瓦解。

卢梭于 1755 年出版了巨著《论人类不平等的起源和基础》，构建了他对社会和文明的基本批判理论。他认为，人类存在一种理想、和谐的"自然状态"，这与霍布斯关于人是"狼"的观点针锋相对。对卢梭而言，当第一个宣告土地为个人财产的人出现，其他人接受这一论断的时候，人与自然环境之间的天然理想状态就被打破了。

关于这个问题，卢梭试图在《社会契约论》中寻找一条出路。这本书，直到今天依然是国家政治哲学的经典著作。在书中，他提出了一种思想：个人必须将自己的权利移交给集体，将共同意志凌驾于个人意志之上。他明确强调，个人与集体订立的社会契约，也要支持违背其个人利益的决定。由于这种社会契约思想缺乏防止滥用权力的保障，后来，卢梭的国家理论经常被滥用，比如为"共同意志"下的独裁或极权主义洗脱罪名。

在重商主义时期，曾经强盛一时的西班牙到底发生了什么？西班牙通过哥伦布的几个发现和殖民者对新大陆的征服而变得富有，但是在黄金中潜藏着没落，西班牙的国家和社会陷入了僵化的结构，也在精神上孤立了自己。西班牙重商主义思想家对此发出了警告，并进行了清晰的分析，例如佩德罗·费尔南德斯·纳瓦雷特和米格尔·阿尔瓦雷斯·奥索里奥·雷丁。后者在 1687 年对衰落的前景进行了分析，谴责该国复杂的腐败和缺乏经济动力，然而他的忠告几乎没有引起注意。

06 我想发财，这有错吗

重农主义和私有意识的觉醒

骄傲、奢侈和欺骗，能让一个民族茁壮成长。

——曼德维尔

农人穷困，则国家穷困。

——魁奈

如前文所说，我会把历史划分为不同时期。但是如果读者仔细观察，在我们提到的历史大潮下会有许多暗流涌动，正如重商主义在那个时代不是唯一的思想。它的思想模式产生了许多难以磨灭的贡献，随后出现的重农主义也非一枝独秀。不管是在重商主义还是在重农主义的时代，其灵感都来自经济学以外的领域。重商主义时代的洛克、劳和博伊·吉尔伯特也在为推翻重商主义做准备。除了上述几位，还必须提到几位思想领袖，他们影响了重农主义，也影响了斯密这位经济思想的里程碑人物。

首先是生活在英国的荷兰医生——伯纳德·曼德维尔，他天赋异禀，文思泉涌，毕生致力于写作动物寓言和怪诞诗句。他 1714 年的力作《蜜蜂的寓言》，一经发表就引起轰动，文章的副标题"私人的恶德，公众的利益"点明了其核心思想。这部作品是对 1705 年已经匿名发表在

《六便士传单》上的一首诗的扩写。曼德维尔将那首讽刺诗命名为《抱怨的蜂箱：从无赖到诚实》，诗中提出了一个论点——人们的道德行为不利于社会，在繁重生活中不择手段追求舒适的行为有利于社会——从此产生了"曼德维尔悖论"：个人私利是为公共利益服务的。

在曼德维尔观点的影响下，法国启蒙运动先驱比埃尔·培尔在1705年出版了《历史批判辞典》。他提倡个人利益，反对宗教，并指出在社会高度进步背景下，应该提倡人的天然利己主义，将宗教流放到教堂里。像后来的曼德维尔一样，贝勒认为人的行为才是关键，品格低劣的人同样能为社会整体造福。

曼德维尔视自己的作品为讽刺作品，其对人类行为的清晰描述，几个世纪以来屡获赞扬，但在当时却遭到了严厉批评。现在仍处于争论中的经济指导思想在他那里也能看到，例如：一个工人工作较少或工资较高的国家生产的产品价格较高，因此在贸易中不得不处于不利地位，在没有奴隶制的国家，"最保险的财富在大量勤劳的贫穷工人手中"。

苏格兰的伦理学家弗兰西斯·哈奇森是另一个试图超越自己时代的思想家，他愤怒地拒绝了曼德维尔"个人私利服务共同利益"的结论。哈奇森的学生亚当·斯密也继承了他的观点。但区别是，斯密同时受到了双方的启发。从他的老师哈奇森那里，他学到了"道德意识"的前提，即人人固有的道德意识，同时不否认曼德维尔关于人生而自私的观点。后来，杰里米·边沁的功利主义理论，最早也可追溯到哈奇森，他借鉴了"最高的共同幸福"这一概念，这是后话了。

在爱尔兰，哲学家乔治·贝克莱主教在《质询者及一些面向公众的问题》一书中也探讨了经济问题，他将内容巧妙地细分为895个问题，并一一解答。贝克莱是著名哲学思想家，和休谟一样是经验主义者，将感官印象视为唯一的知识来源。旧金山郊区的伯克利大学城就是以他的名字命名的。贝克莱认为，国家的主要任务不是在经济上监督外贸平衡，而是刺激人们的需求，促使他们努力工作，尤其是需求最多的穷苦人。贝克莱把经济的低速增长归因于货币缺乏，呼吁爱尔兰建立国家银行。贝克莱的主要观点是刺激人的需求和劳动力，这使他成为"人力资本"思想的先驱。他认为公共债务本身不具有危害性，这也是反对重商主义的重要理论贡献。

对重农学派和亚当·斯密影响较大的另一个爱尔兰人理查德·坎蒂隆，是北欧诺曼人的后裔。他受到布阿吉尔贝尔的影响，通过约翰·劳在法国发起的投机性活动而致富，在泡沫破裂之前，他及时将钱撤回了英国。但是在英国他被谋杀了，房子也被烧了，可能是他的一名仆人为了清除犯罪痕迹干的。

在坎蒂隆去世的近20年后，1755年，他的小书《商业性质概论》出版。这可能是经济学上最不起眼却又影响力巨大的作品了。弗朗索瓦·魁奈在坎蒂隆的启发下提出了重农原则。而亚当·斯密受坎蒂隆的影响，在书中首次描述了经济周期，特别是城乡人口之间的交流。他同时还致力研究货币流通，尤其是货币的流通速度。他借鉴并进一步深化了洛克的货币理论。

坎蒂隆的结论是，现金流入经济市场的方式影响了价格和利率，市场价格基本与生产成本相匹配。即使是最没效率的工人的工资也足够维持生计，人口压力有助于将工资保持在较低水平。坎蒂隆强调了地主对经济的资金流的影响，后者取决于地主的基本租金。他基于地主能预测支出却无法预估收入的认识，仔细分析了地主的行为。比如，地主也会对消费产生影响，因为他们会通过自己的消费行为来定义时尚潮流。

法国重商主义代表人物魁奈,曾带领弟子周游列国,被誉为"欧洲孔子"

今天经济学上的"坎蒂隆效应"描述了一种现象:货币供应量增加不一定导致额外的货币在所有经济部门之间平均分配,它首先有益于银行和与国家相关的商人以及其他受益人,其余人要么晚得到,要么根本得不到。有些群体甚至一无所有,如没有收入还要为价格上涨买单的贫民阶层。

总的来说,最终促使亚当·斯密的著作诞生的,不只是坎蒂隆的著作在思想方式上对这本书起了多方面的作用。牧师约西亚·塔克用经济著作使自己留名于世,并在经济方面教导了未来的乔治三世国王。塔克为王子设置的课程内容于1753年印制,题目为"商业要素和税收理论"。塔克在他的第一篇作品中清楚地表达了重商主义的观点,他宣扬自由贸易,并将集约化贸易视为促进和平的手段。他还解释说,财富来自工人阶级的辛勤工作。他承认税收发挥了教育作用。甚至在斯密之前，他就说过人民的自私有利于一个国家的贸易。

伟大的启蒙哲学家大卫·休谟，是亚当·斯密和其他苏格兰同胞的亲密朋友。休谟代表着一种僵化的经验主义。在他看来，只有说明性的句子才可能是真的或假的。标准和价值判断在他看来并不是真的。他1752年的经济文集《政治论丛》，论述了其对经济理论的贡献，特别是在货币、利率和外部贸易理论上。在休谟的货币数量理论中，在某些前提下，价格水平受到货币供给的影响。对休谟来说，金钱就是贸易之轮的润滑油，是商品和劳动的价值尺度，价格与金钱的数量成正比。休谟认为外贸绝不是一场零和博弈，因此反对重商主义。对外贸易最终使所有参与其中的国家经济出现增长。亚当·斯密和后来的大卫·李嘉图都从休谟的《政治论丛》中获得了灵感。

克服重商主义的决定性理论出现在18世纪中叶，以坎蒂隆的著作出版为标志。这就是重农主义学派，它诞生于法国重商主义的核心地带，可以说是经济学的第一个思想流派。"重农主义"一词的意思是"自然的主宰"。

重农主义学派最重要的人物是弗朗索瓦·魁奈，来自一个小农场主兼农场工人家庭，在13个孩子中排行第八。他11岁才识字，在巴黎一个雕版师傅那里当学徒，同时自学医学，后来获得了医学博士学位。他在巴黎学院获得化学教授职位后，于1749年成为国王情妇蓬帕杜侯爵夫人的私人医生，搬到了凡尔赛宫，并最终于1752年被任命为路易十五的御医。

1756年，当狄德罗和让·阿朗伯特兴致勃勃地邀请魁奈投入百科全书计划时，他已经62岁了——他们希望搜罗那个时代的一切科学知识。这部百科全书，后来成为启蒙运动的标志。魁奈应邀写了两篇哲学文章，然后转向了农业和经济学领域，并深入研究了博伊·吉尔伯特和坎蒂隆的著作。1757年，他开始记录官廷收入的曲线。1758年，魁奈在《经济表》中，对一个经济体中货币和商品流动相互依存的运行状态进行了初步的图形描述。这是历史上对国民经济循环的第一次描述，也是后来国民经济核算（National Economic Accounting）理论的重要基础。

基于《经济表》中产生的初步认识，魁奈又发展了违背重商主义的论点，认为让人类自由发挥天然逐利心态，可以促进经济循环和社会福利。魁奈视农业为唯一的生产部门。手工业和工业不过是转变已有的物质，因此其从业者属于"不生产阶级"。

许多经济学家认为魁奈的作品是现代经济学理论和经济学政策的开端。诺贝尔奖获得者瓦西里·列昂惕夫把魁奈的《经济表》视为投入-产出分析法的典范。在20世纪50年代的印度，统计学家普拉桑塔·钱德拉·马哈拉诺比斯在列昂惕夫的投入-产出分析模型的基础上，尝试在计划经济和市场经济之间找出第三条路。

后来魁奈的批评者说，他对经济循环的描述灵感来自他的医生职业，他受到了人体和血液循环的启发。这种观点实在浅薄。魁奈的思想来自自然法和他那个时代的机械方法论，从中逐渐形成了对"事物自然进程"的认识。

魁奈的理论迅速招来了一批追随者。最早的代表人物是雅克·文森特·德·古尔奈，他是约书亚·柴尔德、约西亚·塔克和大卫·休谟著作的法语译者。古尔奈回应了重农主义者的要求，使布阿吉尔贝尔在《法国详情》中关于自由竞争的口号更加广为人知。

另一个重农主义的早期代表人物是维克托·德·里克蒂·米拉波。他深入研究了坎蒂隆的著作，大力倡导国家不应干预经济。米拉波提出了以基本养老金为基础的统一税制，并在 1760 年出版的《税收原理》中加以阐述。1763 年，他与好朋友魁奈一起撰写了《农村哲学》，这是早期重农主义理论最全面的代表作之一。

同样值得一提的还有保罗·皮埃尔·墨西耶·拉·里维埃，他在 1767 年的《自然秩序与政治社会的本质》一书中尝试扩大了魁奈的体系，并细化了杜尔哥的早期设想。在他看来，市场规律是自然力量的一种形式，如果任其自由发展，就会产生"自然价格"。

从 1768 年起，皮埃尔·塞缪尔·杜邦·德·奈穆尔担任《农商与财政杂志》编辑，在其推动下，这本杂志成为重农主义的宣传阵地。据说，他于 1768 年出版的《重农主义或最利于人类政府的自然组织》一书中创造了"重农主义"这一术语。他在书中所呼吁的自由贸易，对亚当·斯密产生了巨大影响。奈穆尔后来移居到了美国。他的小儿子后来创立了著名的杜邦集团。

一时间，重农主义学派获得了巨大的影响，但是在 18 世纪 70 年代逐渐走向了解体。其他重农主义学派的继承者已经准备好了，比如安·罗伯特·雅克·杜尔哥，他来自一个贵族家庭，断断续续地为古尔奈工作过，与魁奈联系紧密，并且是启蒙运动的热情拥护者。杜尔哥为狄德罗的《百科全书》写过几篇文章。1769 年，他在杜邦·德·奈穆尔的《农商与财政杂志》上分三部分发表了他的主要著作，后来命名为《关于财富的形成和分配的考察》，以书的形式出版。书中提出的观点使他成为一位思想家，超越了重农学派的思想，成为古典学派的先驱。

利息时差理论的起源可以追溯到杜尔哥。杜尔哥认为，只要支出的货币没有利率，买一块土地总是更值得。例如，长于土地的树木可以用来出售，但是人们也可以出租或租赁土地。从这一考虑出发，后来在经济学理论中得出了这样一种观点，即货币利益永远高于某个经济体的增长率。而对增长持批评态度的经济学家则认为，这样会把货币从经济循环中撤出，也就是从投资中撤出。

杜尔哥是公认的减少土地产量定律的奠基人。根据这一定律，一块耕地的单产量随着工作投入强度的增加而增加，随后缓慢增加直至停滞，甚至还会下降。1774—1776年他曾担任路易十六的财政大臣，试图推行粮食自由贸易，但最后落得一场空。他确实减少了国家财政赤字，却触动了许多贵族和朝臣的利益，因此被弄权者撤职罢免。他下台之后，德裔瑞士银行家雅克·内克尔走马继任。内克尔通过倒卖种子和信贷投机成为法国首富，并且作为旧制度的受益者，他是杜尔哥自由贸易的头号反对者。

内克尔废除了杜尔哥的许多改革，然而他在1781年发表了一篇名为《财政报告》的报告，赢得了民众的广泛好感。这篇报告使公众首次对国家财政有了认识，虽然它对灾难性的国库赤字只字不提，但法国人第一次了解到了铺张的宫廷事务所花费的巨额支出和贵族任人唯亲的情况。内克尔因此被免职。他的继任者查尔斯·亚历山大·德·卡洛纳尝试恢复杜尔哥的一些措施。内克尔为此公开抨击卡洛纳，与此同时还不得不流亡国外。

1784年，内克尔出版了著作《论法国的财政管理》。作为国家财政总监，他不仅阐述了当时的财政情况，也为国家高级官员管理国家提供了指导。1788年国家再次面临破产，民众要求恢复内克尔的职位。根据内克尔的提议，路易十六在1789年召开了三级会议。内克尔试图增强日益壮大的市民阶级的力量，使他们在议会中的代表数量增加了一倍。国民议会于1789年7月9日召开，成为法国大革命的前奏。国王两天后罢免了内克尔。消息传开，社会在紧张的政治局势中剧烈动荡，而高潮便是1789年7月14日攻占巴士底狱。路易国王在1789年7月25日宣布恢复内克尔职位，然而为时已晚，因为法国大革命已经爆发。内克尔在革命狂潮中无法保住其职位，遂返回家乡瑞士。

德国也有一些重农主义代表人物。最重要的是约翰·奥古斯特·施莱特温。自1777年起，他在吉森大学新成立的经济学院编撰了主要著作《国家基础或政治经济学》，并于1779年出版了该书。书中建议改善管理方式、简化税收体系、加强运用企业管理学和加强新工艺的传授。此外，他也提倡自由贸易。

欧洲其他地区的思想也发生了转变。意大利有位重要的启蒙运动思想家叫安东尼奥·哲诺维斯，他是神学家、哲学家，但在意大利之外知名度不高。1754年他在那不勒斯大学成为第一名政治经济学教授。人们通常认为他是晚期重商主义经济学家代表，但他的部分思想超出了重商主义这一范围。他于1765年出版的《商业教程——国民经济学》是意大利第一部国民经济学著作，并提出了非常有趣的消费观念。他认为，奢侈品可以刺激经济发展，但也会随时间逐渐下降为日用品。需求先于消费而产生，需求如何影响消费，取决于不同的文化环境。他不想将需求和文化环境区分出好坏，因为人们追求的一切目的都有其合理性。

哲诺维斯后来影响了费迪南多·加利亚尼。后者的主要著作《货币》中已经包含了基于效用思想的价值理论。加利亚尼认为，商品和勋章等物品的价值源于其稀有性和人们感受到的效用，效用越低，其价值也就越低。加利亚尼于1770年出版的有关粮食贸易的著作《小麦贸易对话》最终比《货币》一书的知名度更高，因为书中讨论了当时法国的大饥荒。

这一时期，另一位值得一提的经济思想家是意大利人彼得罗·韦里，他在 1763 年匿名发表的文章《关于幸福的沉思》中表述了早期功利主义思想。韦里后来启发切萨雷·迪·贝卡里亚创作了重要的功利主义著作。贝卡里亚是 18 世纪意大利最伟大的经济学家之一。他出身于米兰的一个贵族家庭，在开明刑法和功利主义方面贡献巨大。他本身是经济学教授，死后才得以出版的讲座材料包含了很多进步思想，也解释了人类的自私本性。

1771 年，韦里出版了其最重要的著作《政治经济学沉思》。他在书中探讨了供求规律，说明了货币作为"通用商品"的作用，并且主张自由贸易和自由放任主义。韦里提出，商品数量增加时，其效用逐渐减小，因此他被认为是提出边际效用理论的思想先驱。

是的，直至 19 世纪中期才全面发展的边际效用理论已经出现了思想萌芽，而且不仅在意大利。紧随其后的是法国的埃蒂耶那·博诺·德·孔狄亚克。他和哥哥阿贝·加布里埃尔·博诺·德·马贝利是法国启蒙运动最具代表性的人物。孔狄亚克主要作为经验主义哲学家而闻名，并建立了经验主义哲学中的感觉主义这一激进形式。感觉主义认为，所有认识来源于感官对外部世界的感觉，心理感受只是一种领悟和重新解释。感觉主义甚至超越了洛克的经验主义。

孔狄亚克 1776 年的《商业和政府的关系》一书影响了经济理论。除了主张自由贸易，书中还出现了基于效用与短缺的价值理论和后来的边际效用理论的最初思想。孔狄亚克认为，商品的价值通过人类感受到的短缺和效用产生。基本上，人们交换具有较低边际效用的商品以获得感到具有较高边际效用的商品。威廉姆·斯坦利·杰文斯和卡尔·门格尔随后认识到孔狄亚克是边际效用理论产生的先驱。

上述来自英国、法国、德国和意大利的思想家大多深受启蒙运动思想的影响，他们的著作已经与亚当·斯密具有革命性和真正意义上开创经济学的著作接近了。随着启蒙运动的发展，科学性和系统性的思想产生了，探究思想起源及作用、提出论点并进行论证的思维方式产生了，进取的思想也产生了。启蒙运动开启了现代历史。由于以上思想不断深入、不断拓展，再加上其他因素的影响，重农主义者的思想框架逐渐失去了效力。

07 被误会的"看不见的手"

亚当·斯密与古典学派

> 消费是生产的唯一意义和目的，生产者的利益只有在能促进消费者利益时，才值得关注。
>
> ——亚当·斯密

经济进程被看作一个体系的时间正好是工业化日益发展的时期。这一时期经常被称作工业革命，其起始时间仍存在争议。但确定的是，工业化始于18世纪初期。在此期间经济进程变得日益复杂，多数发展远比之前的时期更有活力。与此密切相关的是，资本的重要性日益提升。中世纪晚期的贸易资本主义在这一时期发展成为工业资本主义。

大英帝国处于发展最前沿。这是一些影响因素共同作用的结果，其岛屿的地理位置不是劣势，因为大英帝国通过海军成为世界帝国，并且通过排除一些贸易对手（如荷兰和法国）成为全球重要的贸易大国。国内人口数量增加，河流和运河提供了绝佳的贸易路径，并且证明了它是建立新手工业工场和新兴机器大工厂的理想地点。大不列颠盛产羊毛，也加工棉花。新的工艺改进了钢铁生产，也改进了纺织品加工过程。新发明使生产条件愈加完善，实现了跨越式发展。生产变得更加复杂，资本应运而生。贸易进程、生产和货币三者已相互交织，这时人们越发认识到三者顺利融合的重要性，因此需要了解三者之间的联系并掌控它们。詹姆斯·瓦特改良蒸汽机和新兴机器大工业的产生绝非偶然，因为瓦特的朋友亚当·斯密改革了经济思想，由此它才成为一门科学。

亚当·斯密出生于苏格兰的柯克沃尔，父亲是一名海关官员。他早在14岁时就在格拉斯哥大学和牛津大学学习数学、哲学、语言和经济学。25岁时，他在爱丁堡大学开设法学和文学的公开讲座，这些讲座不久便使其声名远播。他在格拉斯哥大学取得了逻辑学教授职位，并且在第二年填补了他原先的老师弗兰西斯·哈奇森空出来的伦理学教席。

斯密于1759年出版的伦理学著作《道德情操论》，至今都被视为伦理学经典著作。斯密在书中认为，驱动人类道德行为的是同情，并用这一观点反对托马斯·霍布斯"人是人的狼"这一名言以及"人要被国家统治"这一结论。斯密受到了老师哈奇森和亚当·弗格森的影响，弗格森是斯密的好友和同事，斯密在爱丁堡大学学习期间，二者结识。弗格森在1767年出版著作《文明社会史论》，他在这本书中综合政治经济学、历史和哲学的思考，将人类形象定义为有爱的社会性生物。

与同时期几乎所有大学老师相同，斯密只有微薄的收入。一天，他接受了一位年轻公爵的邀请，于1764—1766年陪伴这位年轻人进行环游欧洲之旅，这种旅行是一种当时普遍的、长达数年的游学旅行。由于斯密在长期停留期间感到无聊，因此开始编写一本经济学著作。他在巴黎与魁奈、杜尔哥、让·阿朗伯特、狄德罗和伏尔泰的交往，使他获得了许多创作灵感。此外，斯密在游历期间参观了很多手工业工场。

在斯密返回苏格兰之后，这位公爵承诺为他提供终身年金，因此斯密可以作为私人学者继续获得经济保障。经过多年的创作，他在1776年出版了两卷本著作《国富论》。斯密在书中结合了那个时期的经济知识,尤其是大卫·休谟、理查德·坎蒂隆、伯纳德·德·曼德维尔和威廉·配第的思想,研究了当时相互冲突的两种思维方式:重商主义和重农主义。他吸收了重商主义者关于对外贸易的观点,但认为对外贸易不应受国家调控。斯密吸收了重商主义者关于生产的观点,却不再将生产这一概念局限于农业中,并且将这一概念用于新兴的工业化。然而,这些还不够:斯密成为真正意义上的经济学的开创者,是因为他成功地将贸易和生产这两大基本经济类别的意义和相互作用合并研究,并使二者统一于一个闭合的理论体系中。

斯密的书传达出的对人的态度和观点,同样至关重要——他关注了个体的自由。斯密倡导不受任何政府干预的、利用人类天生交换倾向进行的自由贸易。它通过供应和需求机制调节生产和消费。这两种机制的驱动和决定因素受到了曼德维尔的金句"私人利益服务于社会利益"的启发,如《国富论》中的名言所说:"我们每天所需要的食物和饮料,不是出自屠户、酿酒家和面包师的恩惠,而是出于他们自利的打算……他们追求自己的利益,往往能使他们更加有效地促进社会共同利益。"

斯密通过耳熟能详的比喻"看不见的手",表述了他对市场机制的看法。斯密一生在其著作中共三次谈论到"看不见的手",但背景略有不同。第一次是在一篇关于天文学历史的文章中,后两次是在他的经济学里程碑著作《道德情操论》《国富论》当中。他在前一篇文章中说道:自私的地主或富人按照自己的意愿索取,但他们的贪婪及其引发的对改良的追求,最终却无意中促进了财富增长——"他们被一只看不见的手引导着分配生活必需品,这种分配同假设土地在其所有居民中平等分配几乎一样;这样,人们没有打算去做,没有真正去做,却最终促进了社会的利益,为人类繁衍提供了生活资料。"这只"看不见的手"的出发点

苏格兰伟大思想家亚当·斯密的铜像,位于爱丁堡圣吉尔斯教堂前广场

是伦理学。在《国富论》中,斯密讲到一个追求利益和安全的商人,在经营过程中受到"一只看不见的手的引导",借此增加了社会财富,并且"去实现一个并非出自他本意的目的"。

上面的引文体现了斯密对地主(在重农主义者眼中处于中心地位)和商人的严格区分。为了实现经济的增长和利润的增加,商人通过放弃消费进行投资。斯密以此提出了一个动态的增长理论,根据这一理论,未来的财富增长源于资本和当下的劳动。斯密提出的"看不见的手"不是人们长期以来误以为的"上帝的手",而是源于康德的"自然目的"的启蒙之手。

几个世纪以来,"看不见的手"的隐喻被广泛流传和解释。在理论史上,它大概是被过度阐释和曲解最多的概念了。在它提出后的几百年,甚至都没有人去研究它,包括斯密同时代的人和后续几代学者都没提起过它。直到1948年,保罗·塞缪尔森出版了具有影响力的《经济学》教科书,在这部畅销的教材里,"看不见的手"这一概念出现的频率才越来越高。之后,"看不见的手"似乎日渐成为经济学的重要研究话题,衍生出很多二手和三手解读。

自由贸易思想的反对者认为,"看不见的手"是为不受约束的自私利益辩护,支持者则呼吁一个完全不受限制的市场。这里需要提到一点,斯密是一位伦理学家,生活于启蒙运动兴盛时期,并深受启蒙运动思想的启发。同时,那个时期还爆发了美国革命和法国大革命。这些革命不仅仅是对封建和专制主义的反抗,也是对重商主义的反抗。这场反抗的核心是,启蒙运动和斯密的观点将个体从各种自封的权威——贵族、教会或一门学科,如经院哲学——中解放出来,普遍而言,这些权威都不觉得他们的观点能被驳倒。

由于"看不见的手"这一说法，加上其格言"如果人人都按他们的意志行事，对社会也有帮助"，斯密常被支持者和反对者认为是自由资本主义的思想先驱和反对国家干预的辩护人。但这是一种误读。不能笼统地引用斯密来支持不受约束的自由贸易，或反对国家干预及维护自由主义的绝对放任。

在完全信任市场的自我调节能力的情况下，斯密支持国家干预个别社会领域和重要经济领域。国家必须有能力确保财产安全和竞争。斯密还认为国防、内部安全、教育事业、控制银行业和促进文化艺术发展都属于国家职责范围。斯密还指出了他倡导的制度可能存在的弊端，因此，他建议成立工会，使得工人在与企业家对抗时可以维护自己的利益。

就真正的微观经济分析而言，斯密首次明确区分了生产三要素：劳动、土地和资本。斯密认为，日益发展的劳动分工是在其时代提高生产力并最终提高富裕程度的一个重要因素，斯密尤其关注劳动分工。他以其参观的一个大头针手工工场为例：每个工人每天生产的大头针数量不足 20 枚。但如果有 10 个工人，并且每个工人都只专注于整个生产过程的几个操作环节，就能每天生产 48000 枚大头针。这个例子后来非常有名。

此外，斯密深入分析了商品价值及价格的产生和其本质特性。虽然它们在斯密之前就已经被反复研究过了，但斯密的价值理论最终仍含糊不清。一方面，他说商品价值来源于商品所耗费的劳动。后来，卡尔·马克思引用斯密这句名言，并在其基础上建立了他的劳动价值论。另一方面，斯密认为，商品的最终价值由其在市场上的交换价值决定。由此，斯密提出了一种源于生产成本总和的"自然价格"；而真正通过供需实现的是"市场价格"。他认为,从长期来看,市场价格与自然价格相当。

斯密著名的悖论"水与钻石悖论"从另一角度点明了他的价值二分法:使用价值和交换价值,这两种价值受供应和需求的影响。约翰·劳在其1705年的著作中就提出了这一悖论。简单来说,这一悖论讲的是:水的效用很大,但价值低,因为一般来讲水的存在数量远多于其需求量。钻石的效用虽小,但价值高,因为钻石的需求数量远大于其供应数量。斯密通过借用这一悖论区分使用价值和交换价值:水的使用价值高但交换价值低,钻石正相反。

斯密《国富论》的影响力在于为建造一个自由社会奠定了思想基础,他认为,在自由社会中每个人都应通过劳动来获得成功和地位。美国开国元勋们将这一思想从其个人传记载入《自由宣言》中,之后法国大革命的口号"自由、平等、博爱"也采用了这一思想。

但由此也导致了两极分化。其中一种社会思想是:保护个体利益和通过科学向前发展获取甚至促进知识(整个启蒙运动的思想);另一社会思想是:遵循惯例和传统,但这总是表现在古板的机构,如教堂和贵族阶级。贸易和经济自由的理念随启蒙运动开始顺利向前发展。

此时,斯密开创了真正的、系统性的经济学,古典经济学学派也由此诞生,这一学派在斯密的著作出版数年后才充分发展。在探讨斯密著作的巨大影响之前,让我们暂且将视角从西方转向东方。自17世纪初德川家康统一日本后,开始实行闭关锁国。日本进入"江户时代",德川家族的几代幕府将军继续统治日本。除中国人以外,统治者只允许少数荷兰商人入国进行贸易。

在隔绝于欧洲思想的孤立岛国,与斯密同时代的日本博学家三浦梅园在 1773—1789 年编撰了《价原》一书，后来的一百多年只在民间流传着不同抄本。直到 20 世纪，通过河上肇主编的系列著作，这本政治经济学著作才真正得到推广。三浦梅园在书中通过回答一个武士的问题，从社会和伦理角度阐述了一个藩国如何施行良好的经营管理。与斯密不同，三浦梅园主要从货币理论角度来论证，甚至还命名了"格雷欣法则"（他本人并不知道这一概念来自欧洲，但当时的日本已有多位作者描述了这一法则）；他还在关于生产理论的详尽分析中提出一个建议：应当由生产者来组织市场，这是最好的市场经济。近一百年来，三浦梅园的贡献越来越被学界重视，他也被尊称为"日本的亚当·斯密"。

日本江户时代思想家三浦梅园

08 生而自私与最大幸福

古典学派的后学与功利主义

> 分给工人的劳动成果份额越大,利润率越小,反之亦然。
> ——大卫·李嘉图

> 人口增长一直有超过现存食物总量的趋势。
> ——马尔萨斯

在亚当·斯密取得巨大成功多年过后,一些思想家才陆续登场。和斯密一样,他们都是我们所说的"古典学派"的主要代表。这些人中有来自英国的托马斯·罗伯特·马尔萨斯、大卫·李嘉图和约翰·斯图尔特·穆勒,以及法国人让-巴蒂斯特·萨伊。这批人里最年长的是马尔萨斯。当斯密出版《国富论》的时候,他还是个10岁的孩子。马尔萨斯在18岁之前由父亲亲自授课,他的父亲是大卫·休谟的朋友。之后,他在剑桥大学学习人文科学,成为东印度公司设在赫特福德郡的黑利伯瑞学院的历史和政治经济学教授。

讽刺的是,马尔萨斯首先在科学界引起轰动。与斯密作品中相信社会进步的乐观主义基调完全不同,他的作品传达的是一种危机感——他在1798年出版的《人口原理》中提出了著名的"马尔萨斯陷阱"。

马尔萨斯在书中回击了威廉·戈德温1793年的两卷本《政治正义论》的观点，也回答了康道塞的疑虑。戈德温认为人是理性的，他宣称：如果不主动干预人类行为，人们就不再需要国家，因为社会会自动运行。戈德温以他的早期无政府主义观点影响了后来一些针锋相对的思想：约翰·斯图尔特·穆勒的功利主义和皮埃尔·约瑟夫·雷杜德的社会主义观念。

与戈德温不同，马尔萨斯提出了人口陷阱的观点；古典学派思想的本质特征就是坚信进步会带来福祉，马尔萨斯以此成为古典学派的早期危机理论家。马尔萨斯相信，人口增长速度始终比农业产量的增长速度快。其后果是饥荒和人口数量急剧减少。之后，当再次达到或超过最低生存条件时，人口数量会再次上升，直至物资不能维持其基本生存，其数量再次通过灾难爆发而减少。马尔萨斯论点的核心是土地的产量逐渐减少，而同时，由于人口数量逐步增加，因此对土地产量的需求越来越高，最终每人平均分得的农产品减少。马尔萨斯也用这一理论解释了当时的饥荒、贫穷和瘟疫。马尔萨斯认为，市场力量的自由博弈是行不通的。相反，他提倡节欲。

马尔萨斯在分析时引用了德国人约翰·彼得·苏斯米尔希的观点，后者是德国人口统计学的创始人和定量分析的开创者。他在1741年出版的《人口变动中存在的上帝秩序》一书中整理了几十年教区记事档案（记录出生、死亡、洗礼、婚礼），并且在寻找上帝创造秩序的过程中，从启蒙运动角度分析、评估了这些档案。苏斯米尔希是最早将人口统计学和经济发展相联系的学者。苏斯米尔希得出一个结论：地球可以养活约140亿人口。与这种乐观精神不同，马尔萨斯以悲观理论反对当时的社会进步思潮，因此受到了严厉的批评。

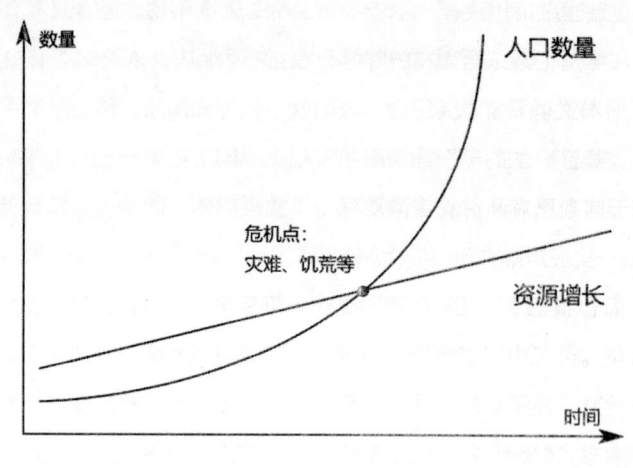

"马尔萨斯陷阱"曲线函数图

  实际上,马尔萨斯的论点最初缺少实证,因此他被迫在 20 年后发表了文章补充书中的论据。尽管如此,生物学家查尔斯·达尔文后来强调,他能够提出演化论,必须感谢马尔萨斯的启发。此外,戈德温于 1820 年发表的《人口论》,也对马尔萨斯的文章进行回应。同样生于英国的弗兰西斯·普雷斯,于 1822 年发表的《人口原理的说明和论证》也支持马尔萨斯的观点。与边沁和穆勒类似,普雷斯提倡节育以解决劳动力过剩、消除贫困和减少犯罪。1830 年,英国政治家、社会改革家和企业家托马斯·萨德勒反对马尔萨斯。萨德勒如今被归于早期古典主义的反对派,他否定马尔萨斯的人口理论,并在其著作《人口法则》(两卷)中论证说:人口数量随收入增加而降低。他这部著作同样受到了严厉抨击。

  最初,现实世界与马尔萨斯的理论相悖,因为科技发展提高了农业产量，马尔萨斯预测的严重饥荒并没有发生。然而在 20 世纪，由于地球上原材料（尤其是化石能源）的有限性，发生了许多饥荒。罗马俱乐部[1]发表的《增长的极限》一文，指出了地球资源匮乏与世界人口一道呈几何级增长的现象，和马尔萨斯的论点相差无几。但是，由于能源科技创新，现实也没有按罗马俱乐部的理论发展，而且它还忽视了一点：市场的自我纠正机制。但是后来的全球发展表明，马尔萨斯关于人口陷阱的猜测，可能会以另一种形式发生，比如对自然资源的过度消耗，尤其是对气候产生的负面影响。

斯密的思想很快传到了法国。让-巴蒂斯特·萨伊的父亲是个商人，他在成长过程中受到启蒙运动思想的熏陶，在伦敦接受职业教育，然后子承父业。他阅读了斯密的作品，受到启发，并将斯密的思想传入法国。萨伊曾于 1799 年在拿破仑时期的法案评议委员会短期任职，但之后由于反对拿破仑独裁统治而离任。1803 年萨伊出版其两卷本主要著作《政治经济学概论》，可以说它是经济理论史上最富影响力的一部著作。萨伊反复受到误解，并且作为亚当·斯密思想的推广者而被低估，他十分钦佩斯密，但同时又认为斯密的著作缺乏系统性。他认为经济学是一门实证科学，因此，可以通过实证的方法和分析发现影响人类和事物的自然规律。但他反对运用数学阐述经济。

萨伊的方法，例如他对斯密生产三要素（资本、土地、劳动）研究方法的延伸，影响了他后来的思考。与斯密不同，萨伊在他的价值理论

---

[1] 罗马俱乐部（Club of Rome），是关于未来学研究的国际性民间学术团体，也是一个研讨全球问题的全球智囊组织。其主要创始人是意大利的著名实业家、学者 A. 佩切伊和英国科学家 A. 金。俱乐部的宗旨是研究未来的科学技术革命对人类发展的影响，阐明人类面临的主要困难以引起政策制定者和舆论的注意。它成立于 1968 年 4 月，总部设在意大利罗马。

中认为，不仅劳动是商品价值的决定性因素，土地和资本要素也都是。他还添加了另一个生产要素：企业家才能。萨伊认为，商品的最终价值是由供需，尤其是它被赋予的效用决定的，最终价值体现在交换价格中。萨伊是最早将效用引入价值理论的思想家之一，他这里的观点受到了孔狄亚克的影响。他还首次赋予了权利和服务等无形资产价值。

萨伊强调财产权，这项权利起到刺激作用，使经济、贸易和由此产生的富裕成为可能。此外，萨伊的论点始终强调自由放任原则并忽视国家的作用——包括对外贸易领域。萨伊用著名的"萨伊定律"阐述了他对市场定律的看法。总而言之，这一定律讲："供给会自动创造需求。"但萨伊的原话不是这么说的。萨伊认为，商品生产带来收入，最终导致需求。

有一点在法国非常突出：在法国的这一时期，除萨伊外，在经济领域留下足迹的主要是工程师。这些工程师主要关注刚刚开始的，通过更复杂的以新兴工厂为主的手工业工场实现的工业化。阿奇勒·尼古拉斯·伊斯纳尔于1781年匿名发表了文章《财富的特征》，其中他试图通过数学证明不仅农业可以带来利润，工业生产也可以。除伊斯纳尔外，工程师朱尔斯·杜比和亨利·法约尔也发表了经济学文章，但这都是后事。

现在，英国另一位伟大的思想家登场了，他用自己的理念为这个年轻的学科持续不断地开创新方法。我们这里要介绍的人物是大卫·李嘉图，他登上经济学舞台，其研究方向令人称奇，因为他将已成功推行的实践转变为理论。李嘉图出身于一个荷兰裔犹太家庭，父亲是位成功的证券经纪人。李嘉图早在青年时期就接触证券交易，并在14岁时进入父亲的证券交易所工作。他与一位贵格会教徒成婚，由此与家庭断绝关系，尽管如此，他通过证券交易成为其时代最著名的证券交易员和英国最富有的人之一。

他在巴斯温泉看望在此度假的夫人时，在一家租书铺顺手借了亚当·斯密的《国富论》，浏览两页之后，让人将这本书寄回家中。他之后坦承，在此之前他没有研究过任何经济学问题。但由此开始，他对经济理论产生了极大兴趣，开始深入研究，并形成自己的观点。

在杂志上发表几篇有关由反抗拿破仑战争支出引起的通货膨胀的文章后，李嘉图 1810 年发表了《金块的高价》一文，在其中提出了通货膨胀与货币数量间有因果关系的论点。李嘉图这一货币数量理论影响了后来以米尔顿·弗里德曼为中心的货币主义理论。他建议，用相应数量的黄金填补发行的纸币，以再次降低物价，为后来以托马斯·乔普林、罗伯特·托伦斯和第一任男爵塞缪尔·琼斯-劳埃德为中心的通货学派奠定了理论基础。

为追随自己对经济学的兴趣，李嘉图最终于 1815 年 43 岁时退出证券交易所，回到位于格洛斯特郡的庄园。1817 年，他出版了《政治经济学及赋税原理》一书，这也是经济学史上的一本里程碑著作。和亚当·斯密的《国富论》一样，李嘉图在此书中分析了生产三要素——劳动、土地和资本间的关系。斯密关注的是财富的产生，与斯密不同，李嘉图论证的是财富的分配问题，并且深入而详细地分析了富有和贫穷。

李嘉图论证的中心与萨伊相同，都是价值理论。与斯密相同，李嘉图认为生产的商品中所包含的劳动对其价值具有决定性作用，他还将价值划分为使用价值和交换价值。让-巴蒂斯特·萨伊的观点是，三个生产要素——劳动、土地和资本同时决定商品价值，李嘉图对此提出明确批判。他对斯密也提出了批评意见。斯密认为，除劳动要素外，供应和需求也是决定性要素，但李嘉图认为，只有劳动要素决定了商品价值并以此决定商品价格。李嘉图认为，商品最终在市场上的价格包含增值，增值包括租金和利润，其中利润是企业家的工资。马克思后来研究了这一思想，并产生了深刻的影响。

不久，塞缪尔·贝利在1825年出版的《价值的本质、尺度和原因的批判研究》一书中反对李嘉图的价值理论，它的副标题就已表明其针对的是李嘉图及其信徒。贝利认为，不是注入商品中的劳动决定商品的价值，而只是在不同商品之间进行选择的经济实体决定了商品价值。

在地产的经济作用方面，李嘉图在其地租理论（他将地租划分为土地租金、设备租金和级差地租）中将稀缺性、不同土地的特点和市场情况列为重要的影响因素。土地的特点导致生产成本高低不同。随着农业开垦范围不断扩大到较贫瘠的土地，投资者要支付的租金会降低。但对于土地所有者来说，租金却升高了，因为对土地的需求越来越高。级差地租，也就是最优质的土地与最贫瘠的土地租金的差值，也会升高。李嘉图的这一理论是对亚当·斯密的观点的发展，斯密在他的分析中区分了农耕土地和开采用土地，并将地租定义为租赁人除去成本和利润的收入。他还考虑到了位置、运输成本和条件相似的邻近土地对租金的影响。李嘉图通过上述思考得出了结论：从长期来看，随着生产规模不断扩大，最终带来最多利润的是土地。因此，李嘉图出售了证券，购置了大量地产。

在李嘉图之前，与斯密同时期的苏格兰经济学家詹姆斯·安德森在《关于激发国家工业思想的观察》《有关谷物法本质的调查》两书中也提出了自己的地租理论和级差地租原理。他认为，级差地租赋予了租赁人利用较肥沃土地的权利。

李嘉图也对古典学派发出警告，认为自由经济不只是会带来社会所期望的后果。此处，他提出了影响深远的工资理论。根据这一理论，在市场力量自由发挥作用的情况下，工资总是趋于勉强维持工人生计的水平。李嘉图用抽象但简单的模型分析了他的方法、事实情况和问题，对后来的经济学产生了重要影响。同样产生了重要影响的还有他引入的对长期发展的观察。

李嘉图的"比较成本优势定理"最终被载入了外贸理论史，他扩展了斯密古典学派的外贸理论的核心思想：绝对成本优势模型。斯密还说，一个国家应生产其在成本上最具优势的商品。与之相反，李嘉图认为，如果两个国家中的一个在每一种商品生产中都最具成本优势，那两个国家之间的贸易对二者都仍是值得的。这条所谓的李嘉图定理成为支持自由贸易的重要论据。1819年，李嘉图成为英国议会的激进自由主义议员，并且根据其外贸理论支持一项新的经济政策：不遵循生产在本国具有生产成本优势的商品的原则，而是通过比较生产成本来确定出口和进口。

尽管李嘉图作为大地主受益于拿破仑战争期间实行的谷物关税政策，但他对此政策坚决反对。由马尔萨斯两篇文章引起的关于《谷物法》的辩论是一场著名的经济学辩论，马尔萨斯支持收取关税的贸易保护措施。短短几周内，李嘉图、罗伯特·托伦斯、爱德华·威斯特三人于1815年2月各自发表了反对征收关税的论点。值得注意的是，以上四人在各自关于《谷物法》的小册子中以非常相似的表述，都得出了农业产量逐渐减少的规律。李嘉图抨击《谷物法》，但马尔萨斯支持这项法案。后来，李嘉图将自己在《谷物法》辩论中提出的观点在1817年的《原理》一书中汇成体系。

《谷物法》辩论并不是李嘉图与好友马尔萨斯有关经济学的唯一争论。马尔萨斯第二部重要著作《政治经济学原理》也是对李嘉图《政治经济学及赋税原理》的反驳,两本书连书名都极其相似。《政治经济学原理》于1820年出版,其价格及价值理论与李嘉图的观点相反。马尔萨斯认为,商品价值不仅包含劳动,还包含利润。然而工人可支配的只有其工资的价值,因此必然导致需求空缺。就是说,古典经济学家马尔萨斯基本上是第一位反古典学派,或者说第一个反李嘉图学派的经济学家。马尔萨斯还撰文跟让-巴蒂斯特·萨伊就很多领域展开讨论。马尔萨斯反对供给会自动创造需求的"萨伊定律"。后来,约翰·梅纳德·凯恩斯说:"假如不是李嘉图,而是马尔萨斯作为19世纪的经济发展所依托的主流,那如今的世界就会明智与富有得多!"

从哲学与政治层面讲,古典学派随功利主义同时产生。功利主义在英国产生,主要影响了英语国家的社会思想,它作为针对实际的基本思潮即使在21世纪初期也产生了重大影响。功利主义的思维方式以一个问题为基础:哪种行为带来最大利益?事实是,功利主义对英语国家的政治、社会及经济思想和贸易产生了持久的影响,然而其在德国的认可度不高,这也许跟功利主义难以与德意志有强烈理想化趋势的主流思想融合有关。因为"可以做什么"和"本应做什么"是根本不同的两个问题。

效用思想并不是一个新奇的概念。从古至今,人们做决定时都思考了这个问题。中国古代哲学家墨子的墨家学说和希腊的亚里斯提卜·冯·塞利尼的享乐主义都包含了这种思想。这一思想也与伊壁鸠鲁的学说相联系。如我们所看到的,到18世纪中期,这一思想成为哲诺维斯、韦里和孔狄亚克等思想家的研究内容。

杰里米·边沁是英国功利主义最具影响力的奠基人。边沁的性格古怪，他父亲是位富有的律师。他在1789年出版的《道德与立法原理导论》一书中首次提出功利主义思想体系，人类的本性中有两种恒定不变的意愿：追求快乐和避免痛苦。边沁还认为，这一所谓的享乐主义原则主宰人类的行为，包括道德行为。

在边沁的效用原则中，一切能带来"最多数人的最大幸福"的东西都是好的，或者，通俗地讲，能为最多数量的人带来最大幸福的东西都是好的。然而，边沁发现，在解决问题时同时遵循"最多数"和"最大幸福"会导致自相矛盾。因此，他后来支持"最大幸福原则"。边沁认为，"效用"是无法计算的东西，不是纯粹根据个人需要来衡量大小的。边沁认为他提出的功利主义，更多的是为社会和立法提供一种理性伦理（他的《道德与立法原理导论》一书被认为是刑法的起源）。

经常有这样一种说法，功利主义纯粹注重实际，忽视甚至否定行为必须符合道德的观点。因此，功利主义是完全理性的，甚至是无神论的。往坏处说，功利主义对于相互竞争的商人来说是一种理想的实用道德，也是自由主义十分契合的思想基础。事实上，在这方面功利主义在过去和现在都被误读了，其中正好包括那些认为可以通过这种解读方式证实自己极端自由主义和自由意志论的观点。边沁的功利主义也被认为是将符合多数人利益的压迫和酷刑合理化。但是，边沁从未在其思想体系中认为为了大多数人的幸福而"牺牲"个别人是合理的。边沁认为，法律面前人人平等与个人安全感至关重要。因此，国家权力必须以不损害个人幸福为目标。边沁说："为什么法律不需要保护所有具有感知能力的生物呢？因为人们保护所有会呼吸的生物的时代注定会到来。"

在边沁、休谟和斯密等英国思想家的理论中，伦理和道德是重要主题。他们只是采用了不同的方法。他们认为道德是个人的，不是来源于上帝或教堂，而是来源于人们心中。边沁在实践中展示了他如何理解对功利主义的应用。他基本上主张建立自由的、以市场经济为导向的社会及福利国家。他也主张准许建立工会、支持妇女权利和动物保护。边沁说："问题不在于'动物会思考和说话吗'，而在于'它们会感到痛苦吗'。"

古典学派的主要思想家斯密认为，推广功利主义的并不是边沁，而是经济学家和哲学家约翰·斯图尔特·穆勒。穆勒扩展了边沁的功利主义，将效用与人类心中的正义感结合；他的想法影响了自由主义关于经济和国家的思想，《论自由》和《功利主义》等著作的影响尤为重大。

穆勒的父亲詹姆斯·穆勒也是位学者，他于1821年出版的《政治经济学要义》一书基于李嘉图思想，是重要的经济学教材，老穆勒与杰里米·边沁也是密友。小穆勒天资聪颖，主要由父亲进行个人培养，他从头学习了边沁的功利主义。他于1843年写成的《逻辑体系》是一部重要的科学理论著作。接着，他于1844年出版了论文集《经济学上若干未决问题》，尝试直观地展现经济理论及其在实际中的应用。

约翰·斯图尔特·穆勒花费一年半时间撰写了近千页的巨著《政治经济学原理》(两卷本)，并于1848年出版。这部书由于语言通俗易懂，成为最有影响力的经济学著作。穆勒在书中将斯密、马尔萨斯和李嘉图的理论融会贯通并加以阐释、比较和革新，并弥补了它们的缺陷。在这部书中，第一次出现了生产、交换对社会进步和国家干预的划分。穆勒首先突出了市场的两种功能：一是有利于商品分配，二是有利于收入分配。自由市场能高效解决商品的分配，但在收入分配方面存在很大的不足，这使得国家必须进行干预。穆勒将经济分析与社会阶层相结合，引入了一种对人类的全新定义：人不是仅仅通过理性思考经济的动物，文化、精神气质、地理环境和经济体系的组织和进程，都是经济思考的影响因素。

1865—1868 年，穆勒是自由党下议院议员，他致力于维护工人和女性的权利，也受到未来妻子哈里特·泰勒·穆勒的影响。尽管穆勒的思想扎根于古典学派的自由放任思想，但他最终指出了这一经济观念的局限，还强调了社会构建措施的意义。他指出了贫穷与人口快速增长之间的联系，要求国家尽一切努力普及基础教育，主张建立合作社和征收遗产税。

这真是一种经济学上的讽刺——尽管穆勒本人认为人不是能理性思考经济的动物，但大众仍觉得是他将经济学视角缩小到能进行理智思考、做出决定的"经济人"。这是因为穆勒在《论政治经济学的定义》一文中谈到"政治经济学"时提到，它不研究人类的全部天性，只针对促使人类追求富裕的需求，这种需求，让人类"有能力去判断"哪种方法是满足需求的最佳方法。

许多经济学家愿意相信这一点，纯粹出于能给这门年轻的科学限定范围的愿望。将经济人模型作为研究中心，可以规定经济学的研究范围。经济学的研究对象不是人的内心过程和动机，而是经济活动的发展路线和理性计算。"经济人"这一概念首次出现于维弗雷多·帕累托于 1906 年出版的《政治经济学手册》一书中。这一思想模型成为一些学说的核心组成部分，这些学说尝试借助模型为实际中的经济发展提供最佳指导。

09 经济学如何找到自己的路

不容忽视的其他思想

> 国债如果适当,将是一种对国家的恩赐。
>
> ——亚历山大·汉密尔顿

> 由于缺少数据而产生的错误,远比由对正确数据的错误分析而导致的错误的数量多,并且影响时间更长。
>
> ——查尔斯·巴贝奇

发现经济活动是一个系统后,人们开始尝试理解处在变幻莫测中的经济发展道路。这一工作由斯密开始,经李嘉图、穆勒、马尔萨斯和萨伊之手薪火相传。从古典学派开始,经济思想的其他领域也纷纷出现了重大进展,其中就包括美国经济学家亚历山大·汉密尔顿的著作和思想,他是美国建立者之一、首位财政大臣,也是金融体系的创立者。他在1790年的《关于国家银行的报告》中提出了对于主要由私人投资者构成的中央银行的构想。起初确实建立了这种银行,但后来被总统安德鲁·杰克逊废除了。但人们在1913年建立至今仍在使用的美国联邦储备系统时,采用了汉密尔顿的想法。

当然,此时的经济学仍处于起始阶段,然而思想家以多种方式处理了其必须研究的主题和挑战。正如分配问题和社会问题，这些问题都是完全实际性的企业管理问题，且都与个人自由问题息息相关。

英国女社会学家哈丽雅特·马蒂诺，主要通过于1832—1834年出版的《图解政治经济学》（九卷本）促进了亚当·斯密的著作在19世纪上半叶的普及。她后来撰写了多部著作，人们将其中一部分归为最早的社会学著作。除了马蒂诺，苏格兰经济学家约翰·雷姆赛·麦克库洛赫凭借通行教材《政治经济学原理：此门科学产生和发展的概述》大力推广了斯密和李嘉图的学说，后来被引进德国。

在法国，数学教师尼古拉斯–弗朗索瓦·卡纳尔在代表著作《政治经济学原理》一书中通过数学公式证明了市场价格如何通过供应和需求而实现。后来，瓦尔拉斯和杰文斯这些数理经济学思想家开始反对卡纳尔的思想，但支持自由市场的法国人依然支持他，卡纳尔的贡献日益被重视。他留下的见解凝结在一句金句当中："旧税种都是好的，新税种则不然。"因为，新增加的税种总是在破坏经济平衡。此外他还发现，税收最终总是成比例地分配到市场参与者头上，就像液体流经管道一样。

英国经济学家纳索·威廉·西尼尔是李嘉图经济学派第二代的代表人物，其于1836年出版的《政治经济学大纲》一书是经济学的经典著作，在这本书中他采用了李嘉图的方法，认为经济学的任务是创造尽可能多的财富。西尼尔通过以效用为导向的方法成为边际效用学派的先驱。他在其价格理论中主要认为需求侧的定价受效用的影响。相反，供给侧由商品稀缺性和生产成本主导。

经济思想在德语国家也继续向前发展。海因里希·弗里德里希·冯·斯托奇作为德裔俄国公民曾为沙皇服役。他1815年的六卷本著作《政治经济学教程》虽一直没有受到重视，但使他跻身古典学派经济学家之列。这部著作由卡尔·海因里希·劳译成德语。斯托奇提出了有趣的外贸理论和价值理论思想。他认为商品的价值通过使用价值衡量，而不是斯密和李嘉图认为的通过商品包含的劳动和商品的交换价值。在外贸理论领域，斯托奇早于李嘉图提出有关生产优势的思想。尤其需要注意的是他关于无形的"内部商品"的构想，这一构想是关于服务型社会和教育型社会的思考，并且展现了古典学派此后长期忽视的一个理论视角。

弗里德里希·本尼迪克·冯·赫尔曼，人称"德国李嘉图"，他自称为亚当·斯密的"弟子"。他1832年的《国家经济研究》一书长期以来被视为经典著作，他在这本书中反对古典学派将工资作为生产成本的固定组成部分的观点，提出"工资是弹性变量"的设想。工人通过劳动创造了新的价值，因此必须在不断积累的财富中获得自己的份额。因此，不能将工资视为固定成本。赫尔曼在他的论述中开创了新局面，为古典学派针对需求的研究方法扩充了使用价值、消费者的购买力和"主观界限"三条内容，其中"主观界限"是对生产商成本"客观界限"的补充。德国金融体系的建立以赫尔曼后来对公共商品的分析为基础。赫尔曼也许是除杜能外德国最重要的古典学派思想家，他也是现代福利理论的先驱。

德国经济学家约翰·海因里希·冯·杜能是一个农场主，他凭借一部著作成为最具影响力的区位经济学家，而且，他的影响力超出了经济学领域。同亚历山大·冯·洪堡一样，杜能也是农业学家约翰·贝克曼的学生，据称，他后来还跟随阿尔布莱希特·丹尼尔·塔尔学过农业学。据说他还以为这位老师就是亚当·斯密。

杜能最大的代表作是三卷本《孤立国同农业和国民经济的关系》。

1826年出版第一卷，1842年、1863年出版后两卷。这部著作十分复杂晦涩。其中的第一卷是经济理论史上的里程碑著作。杜能在此卷中提出一个虚拟的城市模型，其周围是具有相同土质条件的土地，并且土地上产出的粮食售价也相同。杜能从这一模型中得出，耕地的获利能力随距离市中心距离的增加而降低，因为从某一位置开始，运输成本就超出了额外利润。杜能从这一位置出发，确定了"边际供应商"概念，并且以此阐明了地租和生产成本间的关系。

他提出的模型后来被称为"杜能圈"模型，这是第一次将地理因素纳入经济学模型，因为这一模型，杜能成为公认的区位理论创始人。"杜能圈"是指城市周围的土地利用方式不同并呈同心圆圈层结构，杜能借助这一模型指出，耕地的农业利用方式由其与城市及市场距离决定。杜能推荐在距离城市和市场最近的最内圈生产必须新鲜销售的商品，如牛奶、蔬菜。干草、甜菜和土豆在长途运输中会有损伤，也可以种在最内圈。杜能建议将第二圈发展林业，因为可以降低商品高昂的运输成本。在最外圈种植农作物，发展畜牧业。

杜能最终根据其区位理论发展了区位租金理论，并且不受李嘉图的影响，独立提出了级差地租模型。杜能最终基于前两项理论提出了边际生产力理论，至今仍被认为是这一理论的开创者。杜能也将这一理论原则运用于资本利息。杜能的工资计算公式反对李嘉图的工资理论。与李嘉图不同，杜能认为工人的工资完全可以高于最低生存保障。杜能提出的"自然工资"计算公式十分著名，根据这一公式，自然工资就是工人的需要及劳动产品之间的中项比例数。杜能认为生产消费品的雇佣劳动应与生产资本品的劳动的酬劳相同。因此，他甚至在自己的庄园实施了工人分红制度。

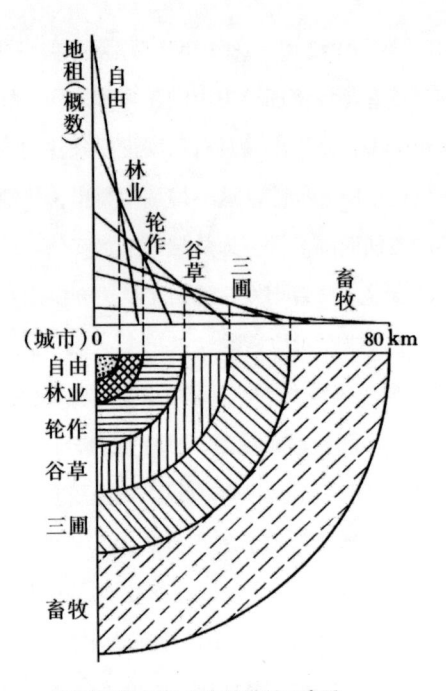

"杜能圈"和级差地租模型示意图

  我想顺便介绍与杜能关系密切的学者阿尔布莱希特·丹尼尔·塔尔，他曾当过杜能的老师。两人都是德国从封建农业向基于工业原理运作的农业过渡时期的重要理论开创者，在那个农业还是最重要的经济领域的时代，这有重要的经济学意义。受英国农业学家亚瑟·杨的著作和斯密学说的影响，塔尔为当时仍基于经验价值建立的农业引入了科学方法和企业管理学思路。他出版的多卷本著作《理性农业原理》是该领域的典范著作。

  这一时期，除了李嘉图和马尔萨斯，还有另一位重要的危机理论家在法国产生了影响。他就是西蒙德·德·西斯蒙第，其于1819年出版的《政治经济学新原理》一书，借由生产和消费失衡解释了经济危机。根据西斯蒙第的研究方法和要求国家干预，我们可以说他是凯恩斯主义的先驱。西斯蒙第提出了受马尔萨斯赞同的消费不足理论，根据这一理论，工资过低会导致需求降低。这就会压低供应商的价格，使供应商节约生产资料，尤其是节省劳动力。西斯蒙第进一步提出了基于代数的第一个财富增长模型，并在卡尔·马克思之前提出了"无产阶级"和"阶级斗争"两个概念，马克思曾对西斯蒙第的著作进行了深入研究，但这些观点后来没有被列宁采纳。由于其对历史、文化和社会学做出的伟大贡献，西斯蒙第成为历史学派的主要先驱。

在英国，这一时期的机器和工厂走上蓬勃发展的道路，查尔斯·巴贝奇着手过理论研究这一领域。他是发明了计算工具的发明家，同时作为思想家也涉足经济学领域。他1832年的《机械和制造工业经济学》一书是早期生产和制造理论的经典著作，也是早期企业管理学思想的一部重要的基础性著作。

苏格兰经济学家安德鲁·尤尔在1835年的《制造业的哲学》和次年出版的《大不列颠棉花加工厂》中表明，机械化改善了工人的工作条件，尤尔对此深信不疑。尤尔称赞工厂工作影响了工人的道德、体质和才智，并且阐述了机械和物理原理如何提高生产效率。与此处相关的、值得铭记的还有爱尔兰博学家狄奥尼修斯·拉德纳及其著作《铁路经济：论交通运输的新形式》，许多人认为这部著作开创了工业管理学的先河。

法国的后期企业管理学思想的先驱之一是让-古斯塔夫·库尔塞勒-赛奈尔，他在1855年的《工业、商业和农业公司的理论和实践论文或业务手册》一书中探讨了企业主的职责。他将其划分为计划、组织、指挥和协调。数十年后，亨利·法约尔于 1916 年提出的管理职能模型参考了库尔塞勒-赛奈尔的著作，与此同时，在美国，弗雷德里克·温斯洛·泰勒将企业作为其分析对象。

爱尔兰经济学家约翰·埃利奥特·凯尔恩斯是李嘉图和约翰·斯图尔特·穆勒学说的忠实拥护者，他在 19 世纪中叶在大不列颠继续推进古典学派。他认为，经济基础来源于人类的身体条件，如工作效率与理解力和解决问题的能力有关。然而，凯尔恩斯之后不再承认新兴的边际效用学派的作用。

在德国，哲学家克里斯蒂安·雅各布·克劳斯是亚当·斯密思想的最早传播者之一，他通过伊曼纽尔·康德的推荐在柯尼斯堡大学任教授。克劳斯支持废除农奴制和减少国家干预。和斯密相同，他也致力于研究伦理学，此外还培训德国官员，并影响了普鲁士的"施泰因-哈登贝格农奴制改革"。

威廉·冯·洪堡在 1792 年撰写了文章《论国家的作用》。在法国大革命的时代，在所谓的"开明的"弗里德里希大帝统治时期之后，普鲁士也开始思考公民和个人的作用，洪堡否认国家插手公民"幸福"的权力，也反对国家干预经济领域。因为洪堡认为，人类历史上所有积极的发展都源于人类的自由行动，国家的任务是确保个人的自由。

随着德国浪漫主义的开始，出现了完全不同的意见。持不同意见的人基本全面反对斯密和古典学派学说，这主要是因为浪漫主义的经济思想坚持国家和传统惯例如贵族阶级和教会的领导。约翰·哥特利布·费希特与浪漫主义相互影响，费希特受康德影响，成为除谢林和黑格尔之外德国唯心主义最重要的代表人物。费希特第一次提出正题—反题—合题这一辩证思想步骤。在 1800 年的经济论文《封闭的贸易国家》中，他构想了一个社会主义的"理性国家"：每个人都享有人身自由权和财产权（是指行为，而不是物品），并且受由公民授权的国家权力的保护。在个人需求范围内享有财产。同重商主义一样，费希特反对自由贸易。费希特构想的封闭国家是一个等级制度国家，国家里有三个等级：农民、手工业者和商人，并且国家内部需要保证稳定的物价；国家必须计划和组织经济（类似社会主义国家的计划经济，它预测了后来出现的计划经济）。只存在国家贸易一种贸易形式。此外，国家按照早先的测试，根据每个人的能力为其分配任务。费希特提出这种形式的国家的目的是，阶级之间相互控制，国家就能自动解体。

德国唯心主义哲学家弗兰茨·冯·巴德尔也反对英国资本主义关于自由和社会的构想，他在英国求学期间了解了资本主义。他认为，"无产者"失去了法律保护，并且在德国掀起一场关于这一概念的讨论，早于马克思几十年。巴德尔认为，国家和教会的任务是，努力建成一个博爱的基督教社会。他批判亚当·斯密，因为他没有看到劳动生产率的提高导致工人贫困愈加严重，并且谴责工业家之间以压低工资为目的的企业联合。他提出关于工人社会保障和发起工会运动的想法。

政治哲学家、社会哲学家亚当·穆勒是浪漫主义经济思想的代表人物，他反对洛克和孟德斯鸠的自由主义国家思想以及亚当·斯密的经济思想。他于1809年出版了著作《治国艺术原理》（三卷），反对将国家、社会和经济分开来考虑。他认为自由市场会导致混乱，并认为工人阶级日益壮大但生活日益贫困这一现象，恰好证实了自己的观点。因此他呼吁国家强力监管。根据穆勒的观点，应保留国家阶级和封建社会的贵族结构。穆勒抵制自由竞争思想，而是希望市场参与和国家调控相互合作。

穆勒也反对古典学派的货币理论，并且他的浪漫主义世界观与古典学派的个人主义及功能主义观念是相悖的。1816年，他出版了《以大不列颠为例试论货币新理论》。他在书中阐释道：稳定的货币不仅指表面有贵金属涂层的货币，同时也意味着那是国家发行的纸币，国家领导人承诺保证货币稳定。

穆勒也反对古典学派的研究方法，主张研究历史背景下的社会影响，以代替古典学派的抽象方法。后来的历史学派采用了他的思想，然而，穆勒的思想也在19世纪20年代影响了法西斯主义和纳粹的社会思想。

在18世纪的英国，如何填补国家支出的国币这一问题引发了"银行–通货论战"，论战双方分别是银行学派和通货学派。这场辩论基本上是"金块论战"的延续。通货学派的代表主张国家支出的纸币完全用金块填补，这一学派主要代表是大卫·李嘉图、约翰·雷姆赛·麦克库洛赫和亨利·桑顿。相反，银行学派认为也可以通过如汇票或贷款这样的代用货币来填补国家支出的纸币，并且接受黄金的价值波动；这一学派的主要代表是托马斯·库克、约翰·富拉尔顿、罗伯特·托伦斯和约翰·斯图尔特·穆勒，后面两位也参与了《谷物法》辩论。这一时期的经济学包含了后续经济学重要领域的思想根源，例如概率论的思想根源，概率论和数理统计都属于随机学（源于希腊语"猜测的技术"）。概率论对后来的博弈论产生了重要影响。

早期的随机学理论来自英国神学家托马斯·贝叶斯，特别是在他死后于1763年出版的《论有关机遇问题的求解》，著名的"贝叶斯定理"就出自这篇文章，该定理是关于根据事件A的出现来计算事件B的出现概率。

　　法国数学家和天文学家皮埃尔·西蒙·拉普拉斯及其同时代的法国人马里埃·让·安东尼·孔多塞侯爵也为早期概率计算和微分运算做出了重要贡献。孔多塞认为，经济学受制于"哲学原理和精确计算"。孔多塞是启蒙运动中最重要的数学家之一。他与杜尔哥相识，后者帮助他成为国家铸币厂总监。孔多塞发表了提倡自由贸易的文章，还为杜尔哥和伏尔泰编写了自传，在其中体现了自己的自由思想。他还编纂了十二卷的百科全书，但在他去世后这套书才出版。

　　孔多塞提出的"孔多塞悖论"对公共选择理论和博弈理论产生了重要影响，后来肯尼斯·阿罗未受孔多塞影响，独立描述了这一悖论场景：三个人对他们各自选择的三种方案依次投票。孔多塞指出，前两种方案的投票顺序就决定了最终结果。法国大革命爆发时，孔多塞加入了吉伦特派革命者行列，但当雅各宾派进行恐怖统治时，他仍秉持自由和博爱的观点，他最终惨死于地牢中，原因不明。

　　安东尼·奥古斯丁·古诺最终开创了数理经济学。此外，他是最早将概率计算用于经济学的经济学家。古诺出身于农民和律师家庭，最开始在律师所任律师。他研究哲学，但他认为，他必须掌握数学，从而适当阐释自己的观点，因而他决定在19岁已到成熟年龄时重返校园。之后，他于1821年在巴黎开始了大学生活。在做过咨询师和一位元帅的家教后，他在里昂大学担任数学教授，成为格勒诺布尔学会会长，之后在第戎大学教书。他的代表著作是《财富理论的数学原理的研究》，1838年首次出版。古诺在书中分析了独家垄断、两家垄断和完全竞争情况下的价格形成。他的观点，对经济学产生了深远影响。寡头垄断资本家获得最大利润的时间点——"古诺均衡点"——被一代代的经济学学生背

一本孔多塞手稿中的扉页（纽约公共图书馆馆藏）

诵。此外，古诺引入了"需求功能"这一概念，"不完全竞争"这一概念也出自他。古诺生前未受到广泛认同，因为当时数学并不用于处理经济学问题，但他在世时，里昂·瓦尔拉斯和威廉姆·斯坦利·杰文斯就已经发现他的学术价值。

与此同时，在英国出现了另一个学派，至今仍然富有争议。企业家理查德·柯布登在1831年于曼彻斯特创立了"反谷物法同盟"，经过长期的政治斗争，1846年，他和政治家约翰·布莱特等成员成功废止了《谷物法》。"曼彻斯特学派"这一术语最早出现在《谷物法》辩论的过程中，也称为"曼彻斯特自由主义"。当时的英国首相本杰明·迪斯雷利污蔑仇视这一学派，导致这一学派至今名声不好。后来，德国工人运动领袖斐迪南·拉萨勒将其改称为"曼彻斯特主义"。如今，人们一想到"曼彻斯特学派"这一概念时，首先想到的却是彻底排挤国家、放任无序竞争、冷酷无情、利益至上、毫不顾及个体的极端经营理念。到了21世纪初，对该学派的评价仍然是负面居多，曼彻斯特学派的自由主义者的主张，也被人解释成了负面的表达，其中一种就是自由贸易，曼彻斯特学派自由主义者的首要主张就是自由贸易，因为他们认为自由贸易是经济发展的前提。

法国自由主义思想先驱弗雷德里克·巴斯夏在与理查德·柯布登的往来信件中写道："如果商品不能跨越边界，军队就会跨越它。"他认为，贸易能减少国际冲突的危险。巴斯夏反对国家广泛参与经济行为，认为这属于保护主义、干涉自由乃至战争的导火索。他还认为，这会助长军国主义。

弗雷德里克·巴斯夏生于商人家庭，其多次经商失败，但自学了大量经济学著作。1844年，他撰写了一篇关于关税保护政策的文章，在英国和法国引起轰动。他的文风直观形象、引人入胜，且具有雄辩之风。他以深具影响力的《经济学人》杂志为主要阵地，后续发表的多篇文章和政治檄文，取得了重要社会影响。他与米歇尔·谢瓦利埃、奥古斯特·布朗基和比利时政治评论家古斯塔夫·德·莫利纳里一起创立了法国自由贸易协会。巴斯夏是自由放任主义及国家取消干预的狂热追随者，他主张建立合作社以消除贫困。之后，德国合作社体系中最重要的思想家赫尔曼·舒尔茨-德利兹施曾多次引用巴斯夏的思想。

曼彻斯特学派的目标没有止步于经济政策和利润层面，还包含政治和社会层面。他们在斗争中支持个人自由，反对奴隶制和军国主义（他们认为，服兵役是对穷人的剥削）。他们也反对建立殖民地。那么，曼彻斯特学派在致力于发展福利和公众事业的人们眼中难道不应该是英雄吗？不一定。很大程度上，他们确实给自己的思想"招黑"了，他们发起的论战有时过于笼统，比如一股脑儿反对国家实体。约翰·布莱特曾说："多数混乱局面都是立法者的干预造成的。"弗雷德里克·巴斯夏则说："国家是一个庞大的虚构实体，每个人都竭力以牺牲他人为代价来维持自己的生活。"此外，约翰·布莱特等几位领袖的论点都是捍卫强者的权利，仅仅片面地保护企业家利益。布莱特反对立法限制工作时间，他认为工人都是成年人，可以决定自己签哪些合同。

英国经济学家沃尔特·白芝浩有时也归属于曼彻斯特学派，但他的观点是国家的公共机构和国家干预对于文化和福利事务具有重要作用。白芝浩的父亲是一家农村私人银行行长，他本人曾就读于伦敦大学学院，后来担任《经济学人》杂志的编辑，并在与杂志创始人的女儿结婚后升任总编。

在出版了一本关于英国宪法的书后，白芝浩于1873年出版了代表作

《伦巴第街：货币市场记述》。他在这本书中试图将国家中央银行和自由主义理念相结合，而这两者以往是针锋相对的。2007年，金融危机出现苗头，白芝浩的著作在中央银行界重新受到关注，尤其是他的"白芝浩原则"：在危机状态下，中央银行是为有清偿能力的银行提供贷款的"最终贷款人"；其利率很高，目的是避免没有出现流动性危机的银行也能申请援助。

白芝浩在不知情的情况下沿用了"最终贷款人"这一思想。这一思想最早出自两个人，都不属于"曼彻斯特学派"或其他学派。他们是业余的经济学家，但这种经济学家也常为经济学锦上添花。早在1797年，银行家弗兰西斯·巴林就在《关于建立英格兰银行的考察》一书中首次引入了"最终贷款人"这一概念。之后，银行家亨利·桑顿在1802年出版的《大不列颠票据信用的性质和作用的探讨》一书中提出了理论基础，与李嘉图在"银行-通货论战"理论上不谋而合。

苏格兰经济学家罗伯特·吉芬曾任白芝浩主编《经济学人》杂志时的副主编。后来，他先后担任英国贸易副部长、政府统计顾问委员会主席、皇家统计学会会长。作为自由贸易强烈鼓吹者，人们常将其归于"曼彻斯特学派"。他凭借"吉芬悖论"（也称"吉芬陷阱"），在经济学界享有盛名。阿尔弗雷德·马歇尔在其1890年的《经济学原理》第三版中补充了对"吉芬悖论"的描述，如今也有大量文献描述这一悖论。

"吉芬陷阱"描述的是这样一种现象：生活必需品（比如面包）的价格上涨时，低收入家庭对它的需求不降反升。原因是，低收入家庭在面包价格上涨后限制了其他次要必需品（如猪肉）的消费。他们通过减少对更有营养的食物的消费来购买涨价的面包。面包在消费预算中所占份额越大，"吉芬陷阱"发生的概率就越大。

在这一时期,德国人同样做出许多贡献。弗里德里希·李斯特具有特别的影响。他的父亲是位制革商,家中兄弟姐妹很多。李斯特是经济史上一位特殊的人物,因为他发表的文章受到广泛关注,28岁时,他在没有相应的前期教育背景的情况下获得了图宾根大学的国家经济学教授职位,后来由于支持成立德国关税同盟而被撤销教授职位。他在被判处监禁后逃往美国,并在那里开办了一个煤矿,变得富有,之后再次失去财产,以美国领事的身份返回德国,他在德国支持扩建铁路网。后来,他受到敌视和孤立,最终自杀身亡。

李斯特是古典学派的早期批评家,在生前甚至不被认可为思想家。他通过提出一个国家有不同的生产情况和制度特点,反对斯密的自由贸易学说及其接班人,他的主要著作是1841年出版的《政治经济学的国民体系》。他在书中提出正确实施关税政策以促进国家发展的计划。李斯特内心深处是位狂热的自由贸易支持者,通过激情和论战要求在分裂为多个小国家的德国建立关税同盟。但在外贸领域,他首要主张是设立保护关税。李斯特的最终目的是建立一个自由贸易的世界,但这并不妨碍他严厉抨击斯密和李嘉图。他的思想也启发了后来的依附理论的发展,但是国家主义者和后来的国家社会主义者(纳粹)也吸收他的思想,并将他的思想一再用作将保护主义合理化。然而李斯特被认为是历史学派的先驱,因为他第一次将经济价值纳入了社会价值的范畴。

宪法专家和社会学家劳伦斯·冯·施泰因凭借其1860年的著作《财政学教科书》创立了这门现代研究学科,这一学科的开创性著作主要来自重商主义和官房学派时期的贾斯蒂和沃邦。1968年,施泰因的《管理学》一书出版。他在这本书中提出了与当时被某一个阶级统治的国家相对的福利国家概念,福利国家可以通过"福利统治"改变国家状况。

施泰因认为，国家获得的收入必须以符合个人最大利益的方式利用，他的这种思想将边沁和米勒的功利主义思想沿用到财政学领域。施泰因坚定地认为，这一原则最终也会使国家获得最大限度的收入。国家服务于社会和公民，确保公民的自由和保障社会的革新与发展。

施泰因在其《财政学教科书》一书中写道："一个没有负债的国家要么对未来投入太少，要么对当下要求过高。……从来都不存在一个不负债的文明国家，并且未来永远也不应该出现。"这与约翰·梅纳德·凯恩斯在1931年《政治和经济》一书中所言相去不远："请您设想，假如您完全制止我们去花费收入，并把这些无聊的事情全都省去了，那很快每个人都要失业，而且短期内我们再也没有可供花费的收入了。"

由古诺创立的数理经济学在德语境内早期的思想家有卡尔·海因里希·劳和汉斯·冯·曼戈尔特。劳当时深受官房学派思想的影响，但成为亚当·斯密学说的追随者。他是最早超越主观价值概念的经济学家之一。如今，劳和学生阿道夫·瓦格纳以及阿尔伯特·舍夫勒和劳伦斯·施泰因一同被视为德国财政学的重要代表。当历史学派在德国出现时，劳是它和古典学派的衔接人。

汉斯·冯·曼戈尔特的著作起初未受重视。然而今天我们知道：他在1855年出版的《企业家利润学》已接近熊彼特的企业家理论；1863年出版的《国民经济学概论》为数理经济学指引了道路，并且这本书是德国古典主义学派的经典著作，尤其是在价格形成分析方面。

19世纪末，德国工程师和数学家威廉·劳恩哈特1885年的《国民经济学的数学论证》以及鲁道夫·奥斯皮茨和理查德·里本1889年合著的《关于价格理论的研究》这两本书为数理方法树立了里程碑。上述两本著作为市场形式和价格理论做出贡献，但起初都未引起反响，因为它们都不属于当时主导的历史学派和奥地利边际效用学派。

然而后来，人们认识到劳恩哈特对区位经济学的数理演绎贡献。尤其他提出的揭示生产地和销售地之间的空间和距离与价格和竞争影响关系的模型开辟了区位理论，这一模型如今被称为"劳恩哈特漏斗"，因为其呈三维漏斗形状。劳恩哈特研究的是供给侧双头垄断，这一模型中的两家供应者（不同于古诺的两家垄断，因为它遵循销售价格策略）遵循销售数量策略。哈罗德·霍特林在不了解劳恩哈特著作的情况下在1929年发表的《稳定性和竞争》一文中运用并延伸了劳恩哈特的研究方法，因此这一模型被称为"劳恩哈特–霍特林模型"。相反，奥斯皮茨和里本通过对埃奇沃斯、帕累托以及主要对欧文·费雪具有影响力的价格理论产生影响赢得了应得的声誉。

10 劳动和社会的关系

马克思主义及其分支

只有当物质和道德需求被满足时，人类才能感到幸福。

——圣西门

不是人们的意识决定人们的存在，相反，是人们的社会存在决定人们的意识。

——马克思

古典学派的核心思想是相信经济的发展和社会的进步。这种思想随工业化的开始及工厂制度的建立而产生。此时出现了一种新型劳动人民：工人。工人之前主要从事田间劳动，后迁入不断发展的城市，在矿井、冶炼厂和日渐林立的工厂中工作。通常，他们有家人配套。妇女和儿童也颇受欢迎，因为当时是廉价劳动力。工人阶级日益壮大，成为人口的主要组成部分，其生活状况也逐步引起社会关注。不久后，社会上出现了第一批为工人阶级利益发声的活动家和思想家。

所谓经济活动，即如何合理分配稀缺的商品。直到第一批乌托邦构想的产生，稀缺商品的最佳分配方式一直是宏观经济的思考主题，包括早期空想家、随着工业化出现的工人运动，以及第一批社会主义者。他们后来都转向探寻理想、公平的商品分配方式。其社会前提是已经克服了贫穷，人们不受压迫、不再依附资本家，实现最大限度的自由劳动。

在马克思之前，托马斯·霍吉斯金在1826年的《保护劳动反对资本的要求》一书中提供了纯经济理论分析层面的社会主义观点。

受大卫·李嘉图著作的影响，他在这本书中的劳动价值理论观点是，资本只有通过与劳动结合才能获得其价值。与马克思不同，霍吉斯金认为一个公平的未来社会实行财产私有制，财产是个人挣得的，包括通过智力劳动挣得的。并且，他信任市场及斯密所说的"看不见的手"在市场上决定每种劳动的最高价值和最低价值的影响力。

罗伯特·欧文和查尔斯·傅立叶也许提供了早期社会主义思想体系最重要的两种研究方法。尽管二者年纪相仿，研究方法也相似，但他们一生中互不理睬对方。罗伯特·欧文来自英国，父亲是位富裕的鞍具工、邮政局长和铁器商。欧文1799年与苏格兰新拉纳克一家棉纺厂老板的女儿成婚。他继承了工厂，并在19岁时就成为兰开夏郡一家主要棉纺织厂的厂长，雇用着500个工人。

他试图快速提高工人工作和生活条件，将每天的工作时间由当时普遍的13～14小时缩短到12小时，并且提高工人工资，建立住宅区并创立医疗保险和养老保险。在这种后来成为消费合作社的商店，工人几乎以成本价购买商品。但除此之外，欧文仍能提高当时企业整体的利润。他受到积极结果的鼓舞，为建立一种新的社会和经济秩序提出了全面的计划。

1813—1820年，欧文出版了主要研究著作：1813年的《新社会观》、1815年的《对制造制度效果的观察》和1820年的《新世界书》。欧文最初是自由主义（尤其是杰里米·边沁的功利主义）的追随者，还曾是欧文纺织厂的合伙人。然而，他逐渐接受了社会主义观点。与边沁、穆勒和马尔萨斯强调个人原因不同，欧文坚定地认为，人的性格主要由外部环境决定。这一观点已经体现了马克思的名言"存在决定意识"。

欧文提出以共产主义方式建立合作社性质的小型公社的设想，并通过巡回演讲推广其构想，但几乎没有认同他观点的人。1825年他放弃了新拉纳克的棉纺织厂，前往美国印第安纳州，并在那里建立了"新和谐公社"，欧文想通过这一公社将其构想转变为实际。这一工程不久就失败了，因为公社间的差异过大。

尽管欧文最终失败了，但他启示了后来的合作化运动。推行大规模跨社会团体构想的失败表明，只有当所有参与者在执行过程中都长期遵守约定的原则时，根据社会主义原则建立的社会才能运作。这在明确界定的合作社中能够实现，但很难推行到整个社会，因为社会具有组织和经济多样性，此外还存在不受社会环境影响、千差万别的个人行为动机。

欧文为劳动合作社设计的工时兑换券（1833年）

另一位早期社会主义者及合作化运动的先驱是来自法国的查尔斯·傅立叶，他原本来自一个富裕的商人家庭，他们家受到法国大革命的影响陷于贫困，他不得不当雇工。他于1829年发表《新的工业世界和社会事业》。傅立叶认为，艾萨克·牛顿自然科学法则的秩序在社会中也存在。这一秩序将社会划分为不同的等级：最高等级是达到完美的和谐。霍布斯信任惩罚和界限，但与霍布斯不同，傅立叶认为应当实施快乐原则和遵循所有欲望。他提出了生活和劳动合作社的想法，即所谓的"法郎吉"[1]；在"法郎吉"中，每个人自己决定工作地点。傅立叶还提倡性解放和女性性别平等。一些历史学家认为傅立叶创造了"女权主义"的概念。他也影响了马克思，但由于他理论中的享乐主义原则和脱离社会实际的方法，在社会主义运动中未能激起水花。

在法国，路易斯·布朗克也被认为是所谓合作社社会主义的重要代表。他被归入空想社会主义者行列。"人人根据能力，人人仰赖需求"是路易斯·布朗克的著名格言，后被马克思采用。

克劳德-昂立·德·圣西门创造了一种新的社会秩序。他生于一个富有的贵族家庭，这个家族自称是神罗卡尔大帝的后裔。他17岁加入了一支志愿军并在美国独立战争中抗击英国人。在法国大革命期间，他通过大量收购国有化的贵族用品致富，但之后被他的合伙收购者骗去了大部分财产。

他游历了欧洲，转而投身科学并花光了自己的资产。在出版了早期包含对社会分析的书籍，阐述了最早关于新秩序的思想后，他在1821

---

[1] 法郎吉：傅立叶借鉴希腊语词 Phalanx（方阵），用这一概念表示协作制度下有组织的生产与消费合作社。最初的意思是古希腊重步兵方阵的战斗阵形。

年出版了《论实业制度》一书。他在这本书中包含的多封致路德维希国王十八世的书信中描绘了一种新的社会秩序。他将社会划分为"生产者"（所有通过行动获得收入的人：工人、农民、银行家、艺术家等）和"无所事事者"（地主、贵族、食利者阶层等）。问题在于，恰恰是这些"无所事事者"掌握着权力。权力应掌握在"工人阶级"，即上述的"生产者"手中，他强调，这也意味着需要一种新的社会秩序来瓦解资本主义。

此时，他完全陷入了贫穷，甚至必须借宿于原来的仆人家中。但他身边聚集了越来越多忠实的学生。他成为早期社会主义思想家和社会学的先驱，他的学生奥古斯特·孔德也是社会学的创始人之一。他的学生圣-阿芒·巴札尔和巴特米尔·普洛斯比尔·安凡丹最终提出了一个明确的、具有计划经济因素的社会主义，即所谓的"圣西门主义"。

德国的约翰·卡尔·洛贝尔图斯-亚格措夫受到了圣西门的影响，是在卡尔·马克思之前提出了关于科学社会主义思想的思想家。他的祖父是德国重农主义者约翰·奥古斯特·施莱特温，曾在1842年出版了《关于德国国家经济状况的认识》，他在这本书中袭用李嘉图的地租理论，并且宣扬只有劳动能创造商品和价值，因此"全部的劳动成果"应归工人。但利率、租金与"劳动成果"不同，因此资本和土地必须长期国有化，并且必须产生一个社会主义社会。洛贝尔图斯也提出了早期的消费不足理论，因为他认为资本主义经济体制的主要缺陷在于，工人工资没有因为生产利润而升高，而是趋于停滞。因此工人所占有的社会产品份额越来越少并且导致消费不足，进而导致经济危机和工人阶级的贫困。

在洛贝尔图斯的著作出版不久后,卡尔·马克思和弗里德里希·恩格斯登场了。卡尔·马克思在波恩大学和柏林大学攻读了法学,并且作为《莱茵报》的主编在特里尔通过其具有感染力的新闻文体而引起关注。在 1844 年这一报纸被查封后,马克思和妻子燕妮去了巴黎。马克思在巴黎与弗里德里希·恩格斯结识。恩格斯首先将马克思倾向于政治和哲学的兴趣引向了经济学。他们二者的观点"在所有领域完全一致"。

恩格斯在柏林大学学习了一年的哲学,但为了经商培训,他于 1842 年至 1844 年前往曼彻斯特,在父亲开设的工厂中工作。他对工人的生活和工作条件的了解及与早期社会主义思想的追随者的接触使他成为社会主义者。1845 年,他出版了《英国工人阶级状况》,这本书至今仍是社会主义理论的基本经济著作。

受当时刚成立的共产主义者同盟的委托,马克思和恩格斯在 1848 年 2 月联合发表了 30 页的《共产党宣言》,该宣言开始肯定了资产阶级的作用,后来呼吁推翻资产阶级:"全世界的无产者,联合起来!"在 1848 年革命失败后,马克思与家人不得不去了巴黎,后来到了英国避难。受好友恩格斯的资助,马克思在英国潜心研究其思想体系。

马克思的经济思想体系主要体现在 1859 年的《政治经济学批判》和 1867 年的《资本论》第一卷中,他的依据来自亚当·斯密和大卫·李嘉图的思想,他的经济思想体系不仅限于经济理论,而是首次将历史和经济统一于一个模型中。他的经济思想也产生了社会影响,尤其是《资本论》第一卷具有划时代的意义(恩格斯在马克思去世后整理了其 1885—1894 年的手稿,在 1883 年出版了第二卷)。

马克思的经济思想体系有四大支柱。第一是辩证唯物主义,认为包括人类及其思想的所有物质都会在世界发展史上根据自然规律上升到更高的层次。通过某种决定论，这一发展法则引领人类最终达到最高级存在形式，即共产主义。这一动态发展包含社会关系决定人类意识这一思想。

第二是历史唯物主义，阐述了人类存在的历史发展进程。马克思认为每一历史时期都可以通过其社会形式来识别，而社会形式又由主导的生产资料所决定。因此，箭和弓被犁取代，并且最终机器取代犁占据主导地位。除原始社会外，每种社会都存在统治与被统治阶级。

马克思的思想体系的第三个支柱是政治经济学批判，马克思在此分析了生产关系，并且正是这一部分对世界历史和经济学的影响最大。与李嘉图相同，马克思提出生产过程中付出的劳动决定商品的价值这一前提，并据此得出结论：只有通过人类劳动才能产生价值。根据李嘉图的工资理论，马克思认为，在资本主义世界中，工人的工资水平只够其维持劳动力。马克思称这种报酬为交换价值，它的价值低于工人所生产商品的使用价值。对交换价值和使用价值的细分，是马克思从斯密那里继承的，最终引导他得出了剩余价值理论。在这一点上，他援引了李嘉图的增值思想。

马克思用剩余价值理论试图证明它与企业家或资本家对工人的剥削有何关系。工人首先依赖资本家，因为他们提供了生产资料（工厂、机器和工具），工人需要通过生产资料来发挥劳动力的作用。资本家延长工人的劳动时间，使其超过他获得生活所需的工作时间。通过这样做，工人创造了剩余价值（劳动的交换价值与工人生产的商品的交换价值之间的差）。资本家占有了剩余价值。资本家努力通过使用越来越多的机器，以此来减少工人数量和工资支出来增加剩余价值。这推动了技术进步。但是随着技术投资的增加，利润率下降，最终只有大公司才能通过批量生产获得足够的利润率（利润率趋势下降的规律）。根据马克思的观点，这会导致伴随着失业问题的周期性经济危机，一方面工人阶级日益贫困，另一方面资本家的资本积聚，最终将爆发革命。

马克思理论的第四个支柱是未来社会的实现和实践，其目标是实现在没有剥削的社会中人与自然和谐相处，最终不再需要国家政权。马克思预言的工人阶级革命之后是社会主义社会的过渡阶段，正如马克思所说，社会主义社会应该以一种议会民主的方式带来"无产阶级专政"。最后，政府会完全消失："国家不会被废除，它会自行消亡。"

《资本论》之所以取得成功，最重要的是马克思设计了一种社会愿景，它是一个与现有资本主义社会对立的设想。面对越来越富裕的企业家与不断壮大的工人阶级的对抗加剧，他们看不到命运好转的迹象，这是一个鼓舞人心的想法。

历史没有按照马克思的预测那样发展的原因有很多。普遍接受的说法是，资本主义是有适应能力的。通过妥协，任何革命都会被扼杀。但是在这一点上也有新的视角。2006年，以色列学者奥德·加洛和奥默·莫夫研究表明，马克思忽略了人力资本对企业家的重要性。更好的机器需要更好的受过教育的劳动力。从某个角度来看，工人所受教育培训的低下水平将成为进一步增加利润的瓶颈。因此，高水平的教育使资本家受益，并降低了工人阶级的重要性。此外，为了增加财富和收入，提高工人的技能和教育也符合工人的利益，学校改革和开设大学符合资本家和工人阶级的利益。

马克思思想的部分魅力在于他作品的鲜明区分：一方面是对资本主义的精确、部分令人信服的分析，另一方面，他承诺要克服他所认同的资本主义的所有弊病，但是不像以前的分析那样清楚地描述了这一"承诺"，这跟他最终缺乏时间和精力有关。

当然，不能指责马克思的思想以及斯密、李嘉图等其他理论家的思想没有考虑到自己时代不可能或不知道的事情。然而，马克思的思想体系必须而且仍然服从于他自己制定的标准。因此，马克思称没有实现的历史是一种决定论。就无阶级社会的这一模糊的承诺而言，马克思的思想体系为他的解释者敞开了大门，这导致了众所周知的历史扭曲和对马克思主义的扭曲。

尽管如此，马克思对不受束缚的资本主义危害的分析也使古典和新古典主义学派的思想家们信服，也仍然鼓舞着对自由市场的经济模式的批评。但是，他的结论已经遭到了传统经济学的普遍拒绝。马克思的分析还为对资本主义的批判提供了新的思路。在 21 世纪初，资本主义的批判在世界范围内广泛存在，并在一定程度上有利于供应商，其中包括商品恋物癖和货币恋物癖等方面。这些是建立在马克思的观点之上的，这些观点认为人们将商品和金钱投射到了并非其固有的内容中。

马克思和恩格斯对社会主义的解释权最早受到皮埃尔·约瑟夫·蒲鲁东的质疑，蒲鲁东受到的是法国傅里叶的影响。1840 年，他出版了他最著名的著作《什么是所有权》，其回答是："财产就是盗窃"。因为在他看来，所有不是通过自己的工作获得的收入和商品都是非法的。在这种情况下，蒲鲁东并没有谴责私有财产，而是谴责私有财产的不公正分配。马克思对蒲鲁东进行了猛烈的攻击，也因此拒绝与蒲鲁东合作。

对于蒲鲁东而言，政府是存在束缚的原因，他拒绝社会主义以及共产主义、资本主义和盛行的经济学说。他设想的新社会秩序不再具有任何国家权力，就像马克思最终假设的无阶级社会一样。在蒲鲁东的理想社会中，不需要货币和利息就可以实现经济运行，不通过劳动获得收入是不可能的。那里的经济循环是建立在小生产者贸易体系的基础上的。货物将通过分配值在交换银行中分配，该分配值由货物中包含的劳动价值构成，按时间计量。1849年，蒲鲁东想将自己的想法付诸实践，并成立了大众银行，提供免费贷款。但是半年后，银行不得不关闭。最终蒲鲁东的想法对合作制和无政府主义产生了影响。

英国也经历了一场浪漫的、鼓舞人心的反抗工业化运动，得到了一定的支持。但它并不像费希特、巴德尔和穆勒所说的，如德国那样以国家政治和阶级为导向，而是用社会主义的声音来处理文化问题。在英国，19世纪下半叶的约翰·拉斯金不是专业的经济学家，而是维多利亚时代最有影响力的哲学家，但他的经济思想使他成为一个"晚近社会主义者"。拉斯金对中世纪的以社区劳动为特点的劳动世界充满热情。在他看来，文艺复兴时期就已经将这种劳动组织方式拆散了。

拉斯金的思想具有宏观角度，他没有孤立地看待经济，而是把经济看作是文化的一部分。他担心英国会被煤坑和工厂摧毁。他早些时候就致力于改善工人的教育条件，是因为他坚信人必须与自然保持内在的一致。

经济的目的是使人类的生活水平向前发展，而不是像李嘉图在他的工资理论中所说的那样，保持在最低限度。拉斯金提出"只有生命才是财富"，生活就是此时此刻。他拒绝过度储蓄，认为金钱应该以"高尚"的方式被使用。

拉斯金反对当时的自由放任思想，主张政府干预市场，因为他在供求的自由游戏中看到了不公正的根源。拉斯金认为，古典学派在概念上是狭隘的。它只是针对贸易开具了处方，而没有看到整体。工作必须由国家分配，必须根据所做工作的性质而不是所做的工作本身来支付报酬。拉斯金要求谨慎处理国内和国外的资源，这在当下也具有现实意义。

11 一种独特的视角

土地改革思想与无政府主义

那些喜欢绞尽脑汁思考而非人云亦云的人,可以学学金融。

——西尔沃·格塞尔

文明就是人类从同胞中解放自我的道路。

——安·兰德

我们坚信,没有社会主义的自由意味着特权和不公正,而没有自由的社会主义意味着奴役和残暴。

——巴枯宁

社会主义思想体系实质上利用了三个经典的生产要素(土地、资本、劳动力)来克服传统的市场经济体制,但土地改革者的各种思想主要与土地这一生产要素相联系,这么做主要是为了获得自由市场制度和其他财产制度。

土地改革者早在古代就已存在,例如罗马的格拉丘斯两兄弟。如前所述,具有土地改良主义思想的理论著作出现后,直到17世纪才再次由杰拉德·温斯坦利和后来的托马斯·潘恩发现。潘恩以其国家政治著作而名留青史，于 1797 年在其《农民的正义》一书中要求赋予所有公民土地权，土地不应该被休耕浪费。

真正的土地改革思想是因为亨利·乔治的作品而引起轰动的。亨利·乔治成长于费城一个贫穷的家庭环境中，跟着一名排字员学习，后来当了一名记者，最后成为几家报纸的总编辑。他的文章、小册子和报告的主题越来越多地涉及农村人口减少、土地投机和城市化。1879 年，他自行出版了《进步与贫困》一书，这本书对经济思想的巨大影响超出了土地改革者的范围。

在他看来，人只属于自己，有权自由处置自己的劳动力和获得的收入。过高的税收，尤其是不动产税，是贫困的原因。因此，土地所有权仅仅在狭窄范围内可行，而土地租金则属于大众。乔治设想了一种"单一税"，是对基本租金（土地收益）征收的税。从这一点看，这应该由国家财政支出来承担。任何其他经济活动，都必须通过所有权原则和自由贸易原则来进行。乔治十分支持自由贸易，并且抨击弗里德里希·李斯特的保护性关税。"乔治主义"也因此成为最具影响力的土地改革方式之一。

在德国，涌现出几位具有土地改革思想的思想家。值得一提的是弗里德里希·瑙曼和阿道夫·达马施克。达马施克的思想受到了亨利·乔治的影响，于 1913 年出版了他的著作《土地改革》。他从《圣经》中发现，上帝只是借给人类土地，因此人类只能索取耕种的果实。除此之外，他还要求将由土地所有权所获得的利润分配给大众。

德国商人西尔沃·格塞尔提出了一个极具创意的观点。他最重要的著作是 1892 年的《货币的国有化》和 1916 年的《关于自由贸易和自由货币的自然经济秩序》。在阿根廷，格塞尔成为一个企业家，并且发了财。在经济危机重重的背景下,他开始研究经济理论。他没有像马克思那样在生产资料私有制中挖掘剥削的原因,而是借助亨利·乔治的思想,在货币体系中寻找漏洞,认为问题出在土地投机上。

格塞尔提出的解决办法是:建立自由市场,并打破货币和土地投机的力量,因此他寻求在实现自由市场经济的同时废除资本主义。作为经济体系的核心问题,他认为是资金和土地的囤积,导致这两者在经济循环中都没有被有效利用。一个补救办法是建立自由贸易的经济模式,这是由自由货币和自由土地这两种基本理念所支撑的。

在"自由货币"的概念中,格塞尔想要发行面值逐渐下降的纸币,使囤积的货币逐渐失去价值。有钱人会被迫尽快花光钱。自由土地的思想是基于亨利·乔治社会化的、被租用的土地所有权形成的。由于支付了租金,土地就必须被使用,就像自由货币一样不该保留。自由土地应该被自由耕种,就像自由货币应该被自由使用。格塞尔把他的模型建立在了人的自我利益上,并且更接近古典学派。

格塞尔的许多想法都是不切实际的,在实践中的尝试也都失败了,因为保留土地和保留金钱在经济上都是有意义的,甚至可以刺激经济增长。

土地改革者的思想不断渗透合作社体系的思想。德国经济学家、社会学家弗朗兹·奥本海默于1896年出版了《居民合作社》,称大地主对土地的垄断和对土地使用权的剥夺(土地封锁)是社会弊病的一大根源。奥本海默认为,没收地主财产就是一种解决方案。他想通过建立生产合作社来抵制农村人口外流。他认为,通过从城市遣返工人,人们还能提高工资,并最终"消除"较弱的社会阶层。

奥本海默赞赏马克思的分析,但像格塞尔一样,质疑马克思社会概念的可行性，特别是计划经济的运作。出于这个原因，他发展了介于马克思的社会主义和自由资本主义之间的"第三条道路"理论。他认为，只有结合竞争原则，再加上土地社会化和合作社，才能够实现公正的社会主义。通过支持自由竞争，奥本海默将自己与合作社思想的其他理论家区分开来。例如，赫尔曼·舒尔茨-德利兹施将合作社制度视为对资本主义的修正，而弗里德里希·威廉·拉菲森将国家援助纳入了他的概念。

乍一看，上述土地改革和合作社思想与无政府主义不大一样。但再深入一点，就会发现它们相似的动机。这些动机也影响了马克思、恩格斯的社会主义。土地改革和合作社的思想，始终是尊重个人自由与从现有社会和财产关系中寻求解放的结合。

德国哲学家马克斯·斯特纳最有名的一句话是："没什么比我自己更好！"他创造了人的思想形态理论，使人摆脱了自己在精神领域的所有财产。斯特纳被视为无政府主义的先驱，尽管很少有无政府主义者愿意引用他的思想。他本人反对马克思、恩格斯和蒲鲁东的思想。而且使他们反过来注意到他，并对他的极端看法不置可否。但毫无疑问，就像前面提到的西尔沃·格塞尔一样，斯特纳的思想其实十分重要。

斯特纳在他的哲学著作《个人及其财产》中提出了他的激进自我主义。他与威廉·戈德温和蒲鲁东的无政府主义观点类似，区别是他拒绝任何普遍的人性和拒绝任何理想。斯特纳要求人对私有财产和自我具有不受限制的处置权，拒绝国家的任何命令，排斥"我"必须服从于某一事物或观念的任何想法，他甚至拒绝统一社区。为了更好地工作或消费，他允许一些"自私的人"组成协会，但协会随时都可以解散。他认为，只有一种价值可以使"个人""我"受益。

今天，有人认为斯特纳的观点启发了法国存在主义和尼采的"超人"，但另一面，他的想法也启发了墨索里尼和德国纳粹主义。此外，他把让-巴蒂斯特·萨伊的著作和亚当·斯密的《国富论》译成了德语。

生于俄罗斯的美国作家安·兰德仿佛是马克斯·斯特纳的继承人。她对众多自由主义者产生了巨大影响。1957年，她出版了自己最著名的书《阿特拉斯耸耸肩》。在她自己所谓的"客观主义哲学"中，她要求人依靠自己的理性，结合自身利益来使用理性。兰德认为，个人绝不应为他人牺牲，也不应被迫为他人牺牲。任何要求服从的国家措施，无论是税收还是兵役，都应予以拒绝。兰德呼吁建立自由放任的经济体制，并要求将国家和教会分开。

令人惊讶的是，无政府主义的思想界线在左右极端的思想建设中重叠交错。尽管要求消除一切国家秩序，马克斯·斯特纳依然启发了社会主义和法西斯主义的思想家。另一方面，俄国人米哈伊尔·巴枯宁设想在没有国家权力的情况下实现左翼无政府主义，这种设想对社会主义思想家产生了影响。他拒绝了马克斯·斯特纳的个人主义倾向的无政府主义，并一再与马克思发生冲突，主要是因为巴枯宁的无政府主义观念拒绝所有统治，包括"无产阶级专政"的思想。对巴枯宁而言，人类历史不是由历史逻辑过程的逐步发展构成的，而是由人类推动革命性变化的冲动构成的。

值得一提的还有彼得·克鲁泡特金，这个亲王的儿子成为无政府主义者，滞留在伦敦，在那里他以私人学者的身份生活。根据达尔文的理论，他专注于通过合作生存。1899年，他出版了《田野、工厂和工场》一书，是无政府主义在经济问题上最重要的著作。它包含了分散化的、基于自给自足的经济思想，是中央管理的计划经济体系的另一种设计，该体系后来在苏联得以实践。

克鲁泡特金对达尔文进化论的解释,与英国哲学家赫伯特·斯宾塞的解释截然不同,后者在英语国家影响很大。斯宾塞的长篇大论基本上是一种社会达尔文主义,因为他将"适者生存"法则应用于社会("适者生存"就是他提出的)。他对个人主义的要求,是通过边沁的功利主义来论证的,斯宾塞拒绝承认俾斯麦的社会立法是专制主义的变体。

最终,无论哪一派的无政府主义者,都呼吁实行一部分的个人主义,在其中,个人对集体的任何从属关系都消失殆尽了。

12 社会与历史如何作用于经济

历史学派与马克斯·韦伯

> 人类每一次伟大的进步都始于怀疑，并表现在对传统教条主义的抗议中。
>
> ——古斯塔夫·施穆勒

> 人与人接触的形式，不一定都具有社会性，而只是对他人的行为带有一种感性倾向。
>
> ——马克斯·韦伯

在人们对亚当·斯密两大思想基础的接受过程里，经济思想与其他研究角度脱节了。斯密曾经只被解释为纯粹的经济思想，但是后来，他的道德哲学方法被整合为一体了。

当经济必须构成一门新学科的时候，它很快就与其他科学划清界限，并且常常被斯密的道德哲学思想所排斥。最初的那些经济学理论先驱做得很少，他们有时不一定会看到新兴学科流于僵化的危险。但是那些受到亚当·斯密等人思想影响的后来者，主要关注的是开放的纯粹经济学理论领域，并专注于由此产生的讨论。

与贸易、金钱和财富相关的职业活动仍然与高利贷和贪婪联系在一起，这种气味浸入了基督教的宗教伦理中。实际上，地主和封建领主成为制造商和资本家。他们的活动在宗教上不再合法，仅仅是为了牟利。在这方面，贸易和生产学说似乎超出了道德和理想主义的思考范围。当时人们对经济活动的态度在某些方面一直持续到今天。

也许这就解释了：为什么即使在古典经济学开始的时候，或多或少都忽略了在其他学科中分析经济过程的重要性。换句话说，为什么人文学科被纳入了经济学，而经济学却没有被纳入人文学科的主流，至少它至今仍然没有成为一个重要的人文学科呢？

与此相关的是经济科学这一古老的"身份"问题，它与人们追求的是科学数学还是社会科学的问题紧密相关。对于斯密和他的同时代人来说是后者，并且遵循人文科学的伟大先驱威廉·狄尔泰的如下定义："人文科学是行动的人的科学。"经济学研究的正是行动的人。

人们不禁要问：当经济学首先把自己假设为永远有效的生产、贸易和市场机制的数学工具的工具箱时，它是否丧失了本身意义？也许经济学不是人文科学？

从经济学方向到与人文科学相适应的决定性步骤是通过历史学派来完成的。历史学派的出发点和中心在德国，这是巧合吗？在德国，浪漫主义已经与古典学派开始了激烈竞争，其方法就是将探寻现状与寻找理想结合起来。

历史学派的鼻祖有三个人，都是公务员家庭出身。他们最早学的都是历史而非国民经济学，经济学在当时只是一个偏门学科。开创历史学派的中心人物是威廉·罗雪尔，许多人都默认他是历史学派创始人。作为著名历史学家兰克的得意门生，他曾在柏林学习古代科学和历史，并提出了一种新的理论和教学理念，用来反对当时的古典学派。罗雪尔不仅在古希腊以来寻找普遍立法的研究中找到了自己的研究方法，而且分析了某些时期的普遍社会和经济状况。在这点上，他和他的对手卡尔·克尼斯、布鲁诺·希尔德布兰德竟然看法一致。

罗雪尔也在作品中融入了他的新教世界观，他坚信只有同时兼顾政治、艺术、科学和宗教之间的相互作用，才能解释经济的发展，人们的经济思想一定要从当代出发。因此，经济学是一门经验性、描述性的科学，而非一门理论学科。因此，经济科学的目标是找出人们在经济上曾经思考过什么。罗雪尔的主要作品是出版于1854—1894年的五卷本《国民经济学体系》。其中的第一卷《国民经济学原理》非常成功。后来罗雪尔在德国出版了巨作《德国经济学史》，这是一部历史研究著作，体现了历史学派的典型方法论。

但是，历史学派将经济学归为社会科学，并不代表它放弃了对经济机制的研究。卡尔·克尼斯是旧历史学派第二个代表人物，对货币理论影响力也很大，尤其体现在他的三卷本著作《货币与信贷》中。他对货币的功能和性质的细分备受赞誉。克尼斯为科学统计的发展做出了巨大贡献。

谈到统计数据对历史学派的贡献日益突出，我必须顺便提一下统计学家、数学家、经济学家威廉·莱克西斯。他的一些研究成果属于统计科学的概念，例如"莱克西斯全域"。莱克西斯的工作对人寿保险业经济学及科学尤为重要。

历史学派的第三个创始人是克尼斯的老师布鲁诺·希尔德布兰德。希尔德布兰德的阶段理论广为人知。这个理论体现在他的著作《当下和未来的国民经济学》中，该书于1848年与《共产党宣言》同时出版。这部作品中的预测与马克思、恩格斯预期的社会发展大相径庭。与建立无阶级的共产主义社会的目标不同,希尔德布兰德认为人类在第一阶段的自然经济和第二阶段的货币经济之后,将进入第三个也是最后的阶段——银行业阶段。

历史学派的第二代,通称新历史学派,领袖人物是古斯塔夫·冯·施穆勒。施穆勒也支持跨学科的概念,他在历史学、心理学、伦理学和社会学方面的观点,对各种人文科学都有着深远的影响。他的主要成就是两卷本的《通用经济学概论》,先后于1900年和1904年出版,内容丰富,涵盖了统计学和实证资料。他认为,通过有针对性的社会和经济政策以及改革,国家必须平衡社会各阶层的利益,这使施穆勒成为现代福利国家的先驱。

施穆勒赞扬了包括格奥尔格·西梅尔在内的学者对历史学派所施加的影响力。西梅尔的著作《货币哲学》探讨了社会学和道德哲学问题。西梅尔研究了交换和金钱的历史文化,并对现代社会中人际关系的发展趋势做出了推论。在他看来,货币经济是发展的第三个主要阶段,其次是奴隶制和封建制度。货币经济中克服了奴隶制和封建制度的个人束缚。它创造了自由,但是人类却要以债务为代价。根据西梅尔的说法,例如教学、医学和艺术等"生产力位于经济之外"的某些职业只能在货币经济的帮助下发展起来。

由历史学派开始,经济学成为人文科学,学界内部同时还出现了对方法论的不同看法。学界内部的奥地利边际效用学派,尤其是与卡尔·门格尔及施穆勒,开展了著名的方法论争论,争论的问题是经济学应遵循演绎法(从一般到特殊)还是归纳法(从特殊到一般)。后者是历史学派的方法。

这场争端就是在1883—1892年的激烈辩论,最终以施穆勒的让步而告终。后者在临死前承认，演绎方法也是经济学的一部分。但他没有放弃对历史学派至高无上的自我观念，而是认为归纳法高于演绎法，理由是："那些基于经验的人，永远不会轻易相信演绎推理的结论。"

在关于方法论的争论中，包括对于经济学研究范畴的反复辩论。这些问题也与以下问题相关：建立普遍有效理论（最好是以经济行为为导向的理论），是不是经济学的首要任务？其结果可能再次导致以下问题：经济学是否或应该是一门数学科学？

这个争论背后隐含的观念是，经济活动的核心最终是算术，即价值、价格和利润的计算。无论是工人、商人还是政客，基本每个人都参与了经济运转，因为每个人在经济上都有所行动。这种计算个人的方法，反映在了"经济人"模型中，该模型在 20 世纪和 21 世纪初期的理论中占据了很重要的地位。

除了施穆勒，年轻的历史学派的另一个重要代表是格奥尔格·弗里德里希·克纳普，他是尤斯图斯·冯·李比希的侄子。克纳普最有影响力的著作是 1905 年出版的《国家货币论》，后来凯恩斯将其翻译成了英文。克纳普的货币理论将货币定义为法律的根本利益，只有国家可以确定其数量和价值。克纳普因此提出了建立国家中央银行并反对取消针对钞票的金银储备的观念。

除了古斯塔夫·施穆勒，俾斯麦时期在德国最有影响力的经济学家是阿道夫·瓦格纳。今天仍然值得一提的是其财政税收原则，该原则指出，国家收支应通过收银机构进行。瓦格纳还提出了"政府活动扩张法则"，即所谓的瓦格纳法则。根据瓦格纳法则，有保障的政府福利将不再因习惯效应而减少，并且从长远来看，政府支出的水平将上升。瓦格纳认为国家为确保社会正义而进行的干预是合法的，他认为税收的主要目的是为国家获得收入，次要目的是充当控制收入分配的社会政治政策。他还主张将某些关键经济领域国有化，例如运输、供应和银行业，因此他被称为国家社会主义者。

谈到国家社会主义者，就必须提到 1872 年在艾森纳赫成立的社会政治协会。创始人有古斯塔夫·施穆勒和阿道夫·瓦格纳。该协会成立后不久，成员就因倡导国家干预经济而被反对者斥为"讲坛社会主义者"。最终，他们过于倒向自由主义者，而真正的社会主义者、马克思主义者则将他们视为国家和经济的走狗，平息和控制工人阶级的打手。后来，这个协会还吸纳了一些自由经济学家，如哈耶克、米塞斯和亚历山大·吕斯托夫。

卢约·布伦塔诺也是一个"讲坛社会主义者"。克莱门斯·布伦塔诺和贝蒂·冯·阿纳姆的侄子是社会政治协会的创始成员之一，但后来因为批判俱乐部的反动政策退出了。布伦塔诺可能是年轻历史学派主要负责人中最具自由主义思想的。他大力支持自由贸易，但也致力于工人和德国工会运动的利益。由于布伦塔诺的社会政治活动和目标与马克思主义思想相去甚远，恩格斯斥他为"忠实于俾斯麦的职业社会主义者"。在经济理论上，布伦塔诺留下了"布拉西-布伦塔诺法则"，根据该法则，较短的工作时间和较高的工资可以提高工人的效率。

卡尔·毕歇尔也是年轻历史学派的一员，他在莱比锡任教，是历史学派的自由主义者之一。他甚至在方法论争论中站在了卡尔·门格尔一侧。他的分级理论，为经济学中的经济发展理论做出了贡献。毕歇尔的分级理论是基于日益扩大的交换关系形成的。他在其中确定了封闭式家政经济阶段、城市经济阶段以及最终的国民经济阶段，在这三个阶段的过渡过程中，交换贸易发展势头正盛。

维尔纳·桑巴特、埃德加·萨林和阿瑟·斯庇索夫是历史学派的最后几位重要代表。他们试图革新历史学派，因而被称为新历史主义思想家。他们试图弥合历史学派和新古典派之间的鸿沟，尤其是与边际效用学派的分歧。

维尔纳·桑巴特是古斯塔夫·施穆勒的学生。在某些方面，他的作品试图超越历史学派。桑巴特不再关注发展阶段，而是探索经济学中的常识。他的主要著作之一是《现代资本主义》，该书在1902—1927年共分三卷出版。

在所谓的价值判断争议中，桑巴特支持马克斯·韦伯，反对阿道夫·瓦格纳、欧根·冯·菲里波维和古斯塔夫·施穆勒。同样，他在价值判断争论中推动了经济学的研究范畴论述。经济学应该允许价值判断，还是应该尝试纯粹基于客观标准进行研究，并包含价值判断或价值规范的表述？

韦伯和桑巴特认为，价值判断在科学上是无法证明的，在一门客观的科学中也没有地位。韦伯首先在其著名的1904年的《客观论》中对此进行了论证。另一方面，尤其是古斯塔夫·施穆勒则辩称，放弃价值判断将使社会政策和经济政策成为一门荒谬的科学。例如，对于边际效用学派的代表欧根·冯·菲里波维来说，经济学的目标是增加人民的福祉。在科学的广度上，韦伯的观点基本上占了上风。

最终，桑巴特在1930年的著作《三种国民经济学》中试图通过将国民经济学分为司法、秩序和解释经济学，来平息方法论方面的争论。"司法经济学"处理的是应该接近于形而上学和规范科学的事物；"秩序经济学"分析什么才是一门真正的科学；"解释经济学"是社会的一个子系统，平衡经济行为与社会利益。

晚年，桑巴特越来越多地转向了反动思想，并公开同情国家社会主义者（纳粹）。桑巴特 1902 年的著作《犹太人与现代资本主义》中的观点与马克斯·韦伯著名的新教徒论点相对立，描写了犹太资本家带有负面色彩的形象。他 1934 年的晚期著作《德意志社会主义》被视为国家社会主义（纳粹）经济学的开山之作。

马克斯·韦伯是经济学家和社会学家，不属于历史学派，但很接近他们的观点。在海德堡，他接任了卡尔·克尼斯的教师职位，由于精神疾病长达 7 年无法工作，随后又返回研究界和公众视野中。他的兄弟、经济学家阿尔弗雷德·韦伯，也被认为是"讲坛社会主义者"。我们稍后会再次谈到他。

马克斯·韦伯在他的巨著《新教伦理与资本主义精神》里发表了他著名的、受到广泛讨论的新教论点。根据这一论点，现代资本主义社会源于新教伦理以及由此产生的、崇尚理性的清教徒生活方式。

这种论点一直是广泛流行但存有争议的。英国经济史学家理查德·亨利·托尼在其 1926 年出版的《宗教与资本主义的兴起》中反对这一观点，认为新教并不是新兴资本主义的驱动力，而是当时的政治和技术改革使资本主义的出现成为可能。

韦伯的观点及其陈述方式构成了当今有争议的讨论和解释的基础。尽管如此，他还是德国社会学的奠基人之一，并且可能是其最重要的代表人物。韦伯发展了所谓的解释社会学，试图理解和解释所有形式的社会行为。在研究世界文化的基础上，韦伯形成了所谓的"理想类型"，即"法律""国家""经济"和"统治"的"理想类型"。这种"理想类型"的一个例子是"官僚主义"，他自己发明使用了这个词，但解释却与现在的意思有所不同。尽管韦伯也看到政治、商业和社会中日益增加的官僚主义威胁着个人的自由，但他在当时对官僚主义得出了完全正面的结论，认为规则和规范以及公务员制度都"具有理想的"优势，因为它们将减少决策者的任意性和个人依赖性。

韦伯的许多作品是未完成的，在他去世后才出版，包括1922年由妻子玛丽安娜·韦伯出版的主要经济著作《经济与社会》。他在书中表示赞成建立自由市场经济体制，在这种体制下，市场参与者可以根据成本和收益来做决定。与亚当·斯密所见不同的是，他认为人不是天生就有社交动力。

新历史主义的重要代表人物除了桑巴特和斯庇索夫之外，就是埃德加·萨林了。他受到了马克斯·韦伯和阿尔弗雷德·韦伯的影响，是柏拉图的仰慕者，将柏拉图视为所有乌托邦的精神之父。他的主要著作是1923年一共两卷的《国民经济学历史》，这本书在1967年的第5版中更名为《政治经济学》。他在书中将教条的历史与相应的精神科学背景联系了起来，并推出了跨学科的"形象理论"。萨林后来成为社会市场经济的反对者，因为他认为自由市场依然容易受到危机的冲击。早期，他主张欧洲使用共同货币，要求欧洲采取共同的社会和经济政策以保持其稳定。

萨林影响了阿瑟·斯庇索夫，斯庇索夫从他那里继承了"形象理论"的思想。"形象理论"的思想是对他在古典主义和凯恩斯主义中看到的"纯理论"的补充。"形象理论"的特征在于理解，这是他在历史学派的思想中发现的，也是在重商主义者中发现的。斯庇索夫想要把这些观点和谐地协调起来。与寻求永恒机制的古典主义和新古典主义不同，他认为历史学派等许多经济过程只是拘泥于当时。他把孕育了各自经济风格的时代进行了划分。他的主要作品《经济变化》于1955年出版，当时他已经 82 岁了。他的基本经济理论受到了杜冈-巴拉诺夫斯基的影响。这一理论以及他的其他思想，在联邦共和国成立之初重新引发了共鸣。

浪漫主义再次来袭。奥地利人奥斯马·斯潘浪漫的普遍主义构成了晚期历史学派的晚生子和奇怪支流。斯潘的观点接近于约翰·哥特利布·费希特和亚当·海因里希·穆勒早期的构想，他不赞成卡尔·马克思的主张，但也反对自由主义，他赞成建立一个有阶层分别的威权国家。他认为，这种威权国家应该由多个不同的功能领域构成，其顶部是一个领导阶层。斯潘的整体性学说、他的普遍主义思想、对个人主义的拒绝以及他认为个人应被视为经济和社会学的一部分的观点，与纳粹的意识形态不谋而合。后来他加入了纳粹党。

最终，历史学派的影响力是巨大的，甚至走出了德语国家。在英格兰有两个重要的历史学派代表，分别是威廉·詹姆斯·阿什利和约翰·凯尔斯·英格拉姆。最重要的是，历史学派具有持久的影响力，对新制度经济学也产生了影响。

13 用数学弥补市场的缺陷

边际效用学派的诞生

如果我们连续不断地满足同一种享受,那么这同一种享受的量就会不断递减,直至最终达到饱和。

——戈森

科学不仅具有制定正义理想的任务,而且必须描述实现它的方式和手段。

——瓦尔拉斯

在现实中没有如科学那样精确的东西。

——杰文斯

当一种独特视角一直被大众忽视或者根本未被采纳时,新的学派就产生了。边际效用学派的产生有两种途径。边际效用学派发现了经济学在买方角度上的缺陷,并最终将数学方法引入了经济学。此外,在科学方法方面,边际效用学派采取了更具演绎意义的方法,与当时盛行的历史学派及其归纳方式形成了鲜明对比。

但仍未解决的问题是古典学派所使用的价值理论。是什么决定了一件事物的价值？斯密和李嘉图最初的解释似乎还不够。甚至已经提到过的斯密著名的水钻悖论也表明，不仅纯粹客观的可衡量因素，例如生产成本，可以确定价值，主观因素也可以确定价值。几乎在卡尔·马克思发展其劳动价值论的同一时间，边际效用学派提出了他们的解决方案。当马克思提倡客观的价值理论时，边际效用学派宣扬一种主观的价值理论。亚当·斯密和大卫·李嘉图认为，商品的价值不是其内在包含的劳动确定的，而是由客观因素确定的。

边际效用学派具有重要作用的新观点及由此发展的新古典主义学派实现了经济学由客观价值理论向主观价值理论的转变，并且还在经济学中加入了另一种思想：如果说过去古典学派代表思考的中心问题是生产和财富增长，那如今的主要问题是商品的分配（配置），也就是经济的效率。

应该根据商品对需求者的效用判断商品的价值的思想并不是第一次出现。我们已经了解到，在重商主义时期，加利亚尼和达万扎蒂就探讨了效用对价值形成的作用，之后，重农主义时期的孔狄亚克以及之后古典学派时期的边沁和密尔的功利主义都涉足了这一思想方向。在法国，工程师朱尔斯·杜比在1844年的《公共工程效用的度量》一文中也思考了商品的价格和效用，提供了第一个"成本效用计算"方法，并且得出与让-巴蒂斯特·萨伊相反的结论：商品的价格比其效用低。

边际效用学派的理论构架将效用观点引入了经济学的思考角度，并且持续而深刻地改变了经济学的思考角度。在边际效用学派发展的过程中产生了四个学派：洛桑学派、奥地利学派、英美学派和晚期的瑞典学派。

在边际效用学派产生初期，有三位人物各自独立地创立了这一学派，而且三人中的每一位都与这三个首次命名的学派相关，还爆发了关于谁应获得这一学派创始人桂冠的争论。答案最终揭晓：边际效用学派是基于第四位人物的思想诞生的，他早于上述三者提出了这一学派。

我们先介绍前三位人物，之后再讲第四位。第一位是瑞士人里昂·瓦尔拉斯，其父是哲学家安托万-奥古斯特·瓦尔拉斯。瓦尔拉斯天赋异禀，最早是位浪漫的艺术家，在巴黎大学学习了数学，但也学了文学，并且发表了一部浪漫主义小说。但最终，瓦尔拉斯遵从了父亲的要求，继承父业，开始研究哲学。但后来他从哲学转向利用数学方法研究经济学，并因此成为数理经济学派的重要代表人物。受古诺当时并未受到重视的著作的影响，瓦尔拉斯于 1860 年出版了其第一部经济学著作，并引起了注意。1870 年，他成为洛桑大学教授，在那里任教三十多年，并创建了洛桑学派。

1874 年和 1877 年，瓦尔拉斯分两部分出版了他的主要作品《纯粹经济学要义：或社会财富理论》，成为这一领域中非常有影响力的思想家之一，以至于如果有人从未听说过他，外行人都会感到惊讶。事实上，瓦尔拉斯也许是不为普通大众所知的、最重要的经济学家，即使在英语国家中，只有当《纯粹经济学要义：或社会财富理论》于 1954 年被翻译成英语后，它的重要性才被发现。

瓦尔拉斯以及后来边际效用学派的代表人物认为，由于主观判断和消费，商品的价值可能会发生变化。被消费商品的第一个单位，无论是什么商品，都具有最大的价值和效用。接下来每个被消费的商品仍然有效用，但效用随着消费单位的增加而下降。人们称之为边际效用递减。这就像饥饿的人喝汤一样：每增多一勺，缓解饥饿的效用就会减少一些，最终会出现饱腹感。

通过考虑利益，该理论不再仅仅关注商品的生产和供应，而是开始关注需求以及如何确定需求。在这一点上，不仅斯密和李嘉图的想法被认为需要补充说明，萨伊关于供应创造需求的格言也急需完善。那么，有没有一种平衡供需的解决方案？

瓦尔拉斯被认为是"均衡理论之父"，因为他将研究结果转化到了解释经济均衡的模型中。值得一提的是，这是与其竞争边际效用学派创立者地位的两位对手不曾做到的。通过平衡价格，瓦尔拉斯寻求市场持久平衡的可能性。他想知道供求是否可以在一个市场上保持平衡，并想证明自由市场总是趋于最优。他创造了一个模型，在这个模型中，一切都是同时发生的，并且在没有金钱和时间影响的情况下运作。一个假想出来的拍卖师（瓦尔拉斯拍卖师）通过与市场参与者联系，在试探过程中得出均衡价格。

在寻求市场的持久平衡时，我们面临着另一个关键的经济思想问题。正如瓦尔拉斯所寻求的那样，供求是否有可能在市场上实现平衡呢？经济总是处于某种不平衡状态，还是说它是从一种失衡转向另一种失衡？经济在这里变得具有哲学性了。寻求稳定的平衡与一种观点相关，这种观点认为人们能够以一种使经济永久处于均衡状态的方式来操纵经济，这样，人们就可以实现经济管理"终点"的目标了。

法国人约瑟夫·伯特兰德在他 1883 年的著名文章中与瓦尔拉斯和古诺的著述建立起了联系。最重要的是，在他的分析中，他提出了一个基于价格的寡头垄断，这种垄断不是像古诺那样基于数量。他放弃了瓦尔拉斯的拍卖师假想，该拍卖师根据数量和价格范围来确定价格。在成为一代又一代教材内容的伯特兰德模型中，行为者选择的是价格，而不是数量。伯特兰德还指出，只需要少数供应商（哪怕两个）就能够实现商品的最佳分配了。这是市场激进派的思想家（如芝加哥学派）乐于采纳的一种论点，他们为了支持垄断，声明形成垄断的趋势对整体经济危害较小。

维弗雷多·帕累托继续沿着瓦尔拉斯绘制的道路前行，他在洛桑大学成为瓦尔拉斯的继任者。他是一个意大利侯爵的儿子，父亲是民族主义者，逃到了法国。帕累托出生于巴黎，学习工程学，成为罗马一家铁路公司的董事，后来成为佛罗伦萨的一家钢铁公司的负责人。父母去世后，帕累托撰写了政治作品并开始公开讲课。当时意大利最重要的新古典经济学家马菲奥·潘塔莱奥尼开始关注他，他们成为亲密的朋友。帕累托通过潘塔莱奥尼结识了瓦尔拉斯，于1893年在洛桑接任了他的教席，在那里成为洛桑学派和第二代新古典主义学派最重要的负责人之一。帕累托最重要的作品是1906年出版的《政治经济学讲义》和1916年出版的两卷《普通社会学》。

帕累托深受逻辑学的影响，并主张在教学中享有价值自由。只有在事先明确术语的前提下，才可以对道德进行陈述。作为社会学家和经济学家，他都赢得了极好的声誉，但是特别值得注意的是，他的成就是促进了社会学和经济学的相互影响。在这方面，具有讽刺意味的是，正是帕累托在他的《政治经济学讲义》中首次提出了经济人的概念。

对于社会学家帕累托来说，社会的特点是统治它的精英不断变化。对于这些精英来说，最重要的只有一件事：权力。帕累托现在被公认为社会学的代表性人物，但临近生命终点时，他却因为欢迎新兴的法西斯主义而引起过争议。

作为一名经济学家，帕累托提炼了埃奇沃斯的数学平衡理论和无差异曲线分析。他以其著名的帕累托最优填补了边际效用理论的理论空白。帕累托最优这一概念描述了一种平衡状态。在这种资源分配的理想状态下，假定固有的一群人和可分配的资源，从一种分配状态到另一种状态的变化中，在没有使任何人境况变坏的前提下，使得至少一个人变得更好。帕累托的开创性成就的决定性因素是，他放弃了衡量或比较主体对效用的感知，因为他只关心商品组合的最佳效用。到目前为止，从边沁到埃奇沃思，效用被认为是所谓的主要利益，因此商品不仅按照效用等级进行评估，而且也在"商品 A 的收益是商品 B 的两倍"的意义上。帕累托反对序数效用论（仅按顺序评估的效用），这样商品的分配就可以得到评估和改善了。

在瓦尔拉斯之后，英国人威廉姆·斯坦利·杰文斯是边际效用学派初期的第二个重要人物。作为富裕铁器商人十一个孩子中的第九个，他没有按照最初的计划规划自己的职业生涯。父亲的公司倒闭了，严重的经济困难迫使在伦敦学习的杰文斯最终接受了在澳大利亚做硬币验证员的工作。在悉尼，他参与了铁路网络的扩展，并通过阅读狄奥尼修斯·拉德纳的《铁路经济》开始以数学的方式研究经济学。早在 1860 年，他就在给兄弟的一封信中说，他已经弄清楚了"真正的政治经济学"是什么。杰文斯是一个逻辑学家。他出版了第一本关于逻辑学的书，还开发出了一种可以输入概念逻辑命题的设备"逻辑钢琴"。像瓦尔拉斯一样，他也广泛使用数学方法。过了很长时间，他的贡献才得到了认可和赞赏。他 1863 年回到英国，在曼彻斯特担任讲师和导师。他在 1871 年出版了主要著作《政治经济学理论》，他在其中发展的边际效用理论与边沁的功利主义哲学相关。

经济学要感谢杰文斯关于价格的无差异的定律（又称"杰文斯定律"）。根据这个定律，在公开市场上的商品在任何地方都必须具有相同的价格。后来古斯塔夫·卡塞尔在此基础上开始思考购买力平价的问题。此外，在所谓的"杰文斯悖论"中，杰文斯描述了更有效地使用原材料的技术创新甚至可以增加总体用量的观点。杰文斯在1865年出版的《煤炭问题》一书中指出，詹姆斯·沃特大大改善了托马斯·纽科门的蒸汽机之后，煤炭的开采量增加了。蒸汽机成为一种效率很高的载能体。由于蒸汽机的广泛应用，它成为越来越重要的生产资料，蒸汽机的使用促进了煤炭的使用。

边际效用学派初期的第三个代表人物是后来的维也纳人卡尔·门格尔。他是律师的儿子，曾在布拉格和维也纳上大学，并在波兰克拉科夫获得了博士学位。刚开始他曾当过经济记者，后来逐渐开始深入研究经济理论。1871年，他出版了他的著作《国民经济学原理》，一开始反响平平。在书中，他几乎与瓦尔拉斯和杰文斯同时提出了边际效用分析理论。门格尔考虑的一个方面是：人们只有确信另一件商品的下一个单位会带来比现有商品更高的效用时，才会进行商品交换。

门格尔于1873年在维也纳担任政治经济学教授。在那里，他与他的学生欧根·冯·庞巴维克和弗里德里希·冯·维塞尔一起创立了著名的奥地利边际效用学派。这一学派通常也被称为奥地利学派（或维也纳学派，因为它的大多数思想家都在维也纳）。但是这个学派对经济理论的分析和研究不仅限于边际效用理论。

正如门格尔在他的主要著作中所概述的那样，奥地利学派的基础之一是演绎：前提用于做出陈述，并从陈述中得出结论。演绎这种方法遵循了卡尔·波普尔后来的名言，"验证归纳是不可能的"。他以天鹅为主题的举例尤为著名：采用归纳法，可以从"这只天鹅是白色"的现象得出"所有天鹅都是白色的"这一结论。但一旦有一只黑天鹅被发现，

"所有天鹅都是白色的"这一结论就会被推翻。

介绍过上述开创边际效用理论的瓦尔拉斯、杰文斯和门格尔这三位理论家后，我们现在将目光投向一位奇异的思想家，他已经在他们仨之前就提出了该理论的基本原则，但他本人则一直被忽略。他是如此地不出名，以至于都谈不上是被遗忘了。这位思想家是一位德国商人和官员——赫尔曼·海因里希·戈森，父亲是一位财政官员，他上大学时学了法律，担任过政府候补文职官员，最后成为一家保险公司的合伙人。他曾试图获得博士学位，但没有成功。最终，他自费印刷了自己写的书，并在1854年出版，书名是《人类交换规律与人类行为准则的发展》，这个书名放在经济学里也是很冗长枯燥的，它几乎石沉大海，仅有的一点反馈也都是骂声。

戈森在同时代的人眼里，是一个很不好打交道的人，他过于自负的作风可能是原因之一。在该书序言中，他声称自己就是社会科学界的哥白尼，捍卫自己的理论，然而读者不这么认为。戈森的想法确实早于后来的边际效用理论，但在他过于发散的论述中基本很难找到。

戈森对这本书的直销深感震惊。他从出版商那里回购了大部分的库存，然后当成柴火烧了，这也使得今天他的初版在藏书界价值连城。1858年戈森在痛苦中自尽，过了二十多年，他的成就才得到认可。

在著名的"戈森第一定律"中，他制定了边际效用递减法则。从一定消费数量起，每增加一个单位，这种商品的效用就随之递减。今天戈森被公认为经济理论的杰出思想家之一，是缘于他制定的戈森第二定律。戈森第二定律意味着，如果某人想将全部收入用于最大收益，则他必须以各种方式在所有商品之间分配收益，以使最后消费的一单位商品的效用等于所有已消费的商品的总效用。

边际效用学派为经济学理论开辟了全新的领域，拓宽了经济学的研究视野，也扩大了经济学作为学科的内涵。奥地利效用边际学派尤其引人注目。继卡尔·门格尔之后是所谓的第二代，其两位杰出的思想家是弗里德里希·冯·维塞尔和欧根·冯·庞巴维克。他们是年轻的朋友，与历史学派的代表人物卡尔·克尼斯、布鲁诺·希尔德布兰德和威廉·罗雪尔一起学习。维塞尔的姐姐后来嫁给了庞巴维克。

弗里德里希·冯·维塞尔去大学任教的资格论文《经济价值的起源及主要规律》以及《自然价值》中继续研究了门格尔的方法论和主观价值理论。维塞尔将自己的理论工作看成"应用心理学"，他吸收了"边际效用"和"稀缺性"概念，还借鉴了戈森的效用定律。他将边际效用原则应用于成本研究，从而扩展了这一原则。他表明，在单个生产要素的成本中应该包括货币成本，这是亚当·斯密的经典观点和当时在英国盛行的新古典主义者阿尔弗雷德·马歇尔的观点：由于所做的选择而无法实现的机会也必须被考虑进来，无法实现的机会也是机会。这种机会成本定律成为奥地利边际效用学派的核心组成部分。在货币理论中，维塞尔采取了主观主义的观点。因为他在货币的交换价值中看到了要购买的商品的预期使用价值。

奥地利的资本理论与维瑟的朋友欧根·冯·庞巴维克密切相关。他的成就是试图将工资问题、企业利润和资本收益问题纳入一个统一的体系。他是最早对利益理论和系统性利益理论进行系统介绍的人之一。当然，他的研究结果也引起了很大争议。

庞巴维克的货币与利息理论在 1884 年和 1889 年出版的两卷本《资本与利息》得到了阐述，第一卷名为《资本利息理论的历史和批判》，第二卷名为《资本实证论》。他的利率理论是时差利息论。他在这部著作中将利息视为对当前价格的附加价，因为对庞巴维克而言，人们认定商品此时的价值比将来的价值高。

庞巴维克认为，未来商品的边际效用在下降，其原因是人们的心理天性和技术发展的自然规律。从心理上讲，因为人们对未来不确定，因此他们不太愿意急于满足未来的需求。从技术上讲，原因在于迂回的生产方式。未来支付，这种商品在未来才会生效，因此也必须通过"贴现"来评估。工人和企业家之间的关系仅仅是，用当前的工资去支付工人的劳动，来换取未来的商品。"贴现"是合理的，因为未来产品（也由于未来产品的边际效用在减少）通常没有今天的产品有价值。

尽管庞巴维克进行了巧妙的讨论，但它与利息的概念以及经济学的许多领域有关，例如货币或价值概念：有很多方法和解释，很多是合理的，但没有一个能全面地阐明该主题，并令所有观众满意。经济学在利率理论上提出了不同的思路，例如西尔沃·格塞尔的原始利率理论，路德维希·冯·米塞斯的"主观"方法，凯恩斯把利息定义为对人们放弃流动性偏好的报酬，熊彼特的动态利率理论或贝蒂尔·奥林的可贷资金理论。

弗兰克·阿尔伯特·费特可以说是奥地利边际效用学派第二代的第三个代表人物。他在美国是奥地利边际效用学派第二代（以维塞尔和庞巴维克为中心）与以路德维希·冯·米塞斯以及后来的弗里德里希·冯·哈耶克为代表的第三代之间的纽带。费特从事价值、价格和资本理论的研究，并试图在他的演绎方法中整合心理学的发展。在利率理论中，他将时间因素纳入了利率决定理论。

奥地利边际效用学派第三代的代表人和第四代之父是路德维希·冯·米塞斯。作为铁路工程师儿子的米塞斯在维也纳学习法律，但后来转向经济理论，成为庞巴维克的学生。米塞斯曾在维也纳商会担任经济学家，为奥地利政府提供咨询，担任私人讲师，但从未担任过正式的教职。在商会的研讨会中，他培养了奥地利边际效用学派的第四代人，其中包括戈特弗里德·冯·哈伯勒、奥斯卡·莫根斯特恩和弗里茨·马克卢普。

米塞斯始终坚持演绎思维，从一般到个别，进而得出结论。他对市场的看法是，国家的个别干预已经是迈向社会主义的第一步了，因为即使是很小的措施也会破坏市场的稳定，这不可避免地需要采取进一步的措施进行补救，并最终导致人们去向往社会主义。

早在1912年，米塞斯就在大学授课资格论文《货币与流通手段理论》中发展了货币需求理论，并在其中早于凯恩斯二十年提出了"预防性资金管理"的想法，市场参与者要求为不可预见的支出提供资金。米塞斯拒绝了所谓的货币中立：货币供应量的增加不会导致价格按比例上涨，但会导致市场扭曲，比如过度投资和错误投资。经济波动是政府干预的结果。他的结论是：任何人为的经济复苏都会为下一次经济衰退埋下伏笔。米塞斯的学生哈耶克后来扩展了他的经济周期理论。

米塞斯在1922年出版的《福利经济》一书中解释了计划经济运行的不可能性，引发了关于经济计算的著名辩论，我们稍后将对此进行讨论。1940年，由于他的犹太血统，他逃出了国家社会主义者（纳粹）的控制，到了纽约。在那儿他以客座教授的身份任教，并培养了一代所谓的新奥地利经济学派。米塞斯的主要作品是1940年出版的《民族经济学、行为和经济理论》，这本书从1949年开始以《人的行为》为题进行修订，在美国取得了巨大成功。在书中，米塞斯把他对人类行动的综合理论作为他自己的理论的基础，他称之为"人类行为学"。"人类行为学"提供了一种以解决方案为导向，严格主观且个性化的判断和行动方法。

根据米塞斯的说法，经济学是实践学中发展最完善的部分。经济学涉及实现经济目标的手段，过去和历史均不适用于此。因此，米塞斯的经济学具有先验性质，其中所有的行为都必须根据给定的目标来看待。道德范畴则在此不做考虑。在此基础上，米塞斯发展了自由市场经济理论，其中个人的自由始终处于最前沿，国家对经济运行的任何干预都不被允许。对于米塞斯来说，只有市场才能协调人们的需求。

奥地利边际效用学派已经通过门格尔批评了"经济人"的模式。人们更喜欢谈论智人，即行为人或行动的人。米塞斯也是如此。通过拒绝经济人的形象，他得出结论，在涉及人类行为的科学中，不可能做出一般性陈述。决策变量和框架条件将不断变化，因此，寻求静态平衡是一种错误的科学方法。

在奥地利边际效用学派和米塞斯的继任者中，应该提到的是其第四代代表人物：奥地利人戈特弗里德·哈伯勒。他与约瑟夫·熊彼特一起，被认为是哈佛学派的创始人。哈伯勒在1927年出版的《指数的含义》一书中对外贸和经济周期理论贡献颇丰，他强调了在个人偏好不确定性背景下，价格变化趋势的可测性。

对于哈伯勒来说，增长也是通过自由市场实现的，这一自由市场在很大程度上不受政府干预。经济政策只能通过资本市场的货币政策来实施，特别是通过严格限制货币的增长和价格-利率机制。

门格尔的思想在奥地利边际效用学派继续存在，而瓦尔拉斯的思想在洛桑学派继续存在，在英国，一神论牧师菲利普·亨利·威克斯蒂德则接受了杰文斯的思想。威克斯蒂德最初受到亨利·乔治的影响，并通过主题为亚里士多德、托马斯·阿奎那和但丁等人的演讲来谋生。因为他从未担任过大学职位，所以他始终是学术界的局外人，非专业人员几乎不认识他，尤其是在英语国家之外。然而，威克斯蒂德在1888年出版了《经济学入门》，其重要性才逐渐得到认可，并使作者成为英国边际效用学派的重要代表。对于威克斯蒂德而言，价值定律理论主要受到供给问题的影响，而生产理论则受到需求问题的影响。尽管他在分析中把纯粹理性决策放在了中心位置，但他还是指出了其他影响因素：传统，给别人留下深刻印象的愿望，习惯或帮助他人的意愿。根据威克斯蒂德所说，效用是无法在人与人之间进行比较的。

14 社会主义如何运行

理论与实践的交互作用

> 我们每个人都曾打算来一次翻天覆地的变革……虽然我们没能变天,但也没有吃惊得好像从云端坠落。
>
> ——考茨基

> 我们将拥有的不是工人阶级专政,而是几十个人的专政。
>
> ——普列汉诺夫

按照马克思和恩格斯的严格划分,由他们发展出的马克思主义又称为"科学社会主义",此理论一经发表,立刻获得了广泛而有力的支持。一方面,对马克思主义学说的捍卫,最迟于 1895 年恩格斯去世后开始;另一方面,其他思想家基于马克思主义的思想开创了新的方向。在这种情况下,诸如布尔什维克主义、马克思列宁主义、孟什维克主义、托洛茨基主义,以及后来的奥地利马克思主义发展了起来。

在德国,斐迪南·拉萨尔早期开创了一种改良主义,其中他以一种渐进改良的思路出发认为,在从资本主义向社会主义过渡的理想方式中,政府也发挥着重要作用。他撰写的"工资铁律"又称"工资钢铁定律"，十分著名。这一定律与李嘉图的工资理论衔接。这一定律是说，平均工资总是向维持基本生存的水平靠拢。

法国思想家乔治斯·索黑尔在他1908年的《揭露马克思主义》一书中提到，法国市民阶级接受了马克思主义，所以他呼吁实行法国辛迪加主义，这是一个要求工会控制生产资料和经济的社会主义社会计划。他既没有规定政党制度，也没有规定一个议会制的国体。索黑尔影响了辛迪加主义，它承接了由蒲鲁东发起的社会主义中的合作社和工会思想。

格奥尔基·普列汉诺夫通常被称为"俄国马克思主义之父"。他将卡尔·马克思的著作翻译成俄语，并对弗拉基米尔·伊里奇·列宁这位俄国起最终主导作用的思想家和革命家产生了巨大影响。他们曾紧密合作过一段时间，并于1900年创立了报纸《火星报》，但在1903年，当俄国社会民主党在列宁的领导下分为"布尔什维克"（"多数派"）和主张改革的"孟什维克"（"少数派"）时，两人关系破裂。普列汉诺夫支持后者。此外，普列汉诺夫坚定地认为，像俄国这样的半封建社会在进行革命之前，必须先经历一种"资本主义"革命。

列宁领导下的布尔什维克主义者，主张革命精英领导下的"工人和农民的民主专政"，首先建立起一个社会主义社会，然后实现共产主义社会。列宁1917年的著作《帝国主义是资本主义的最高阶段》驳斥了他眼中背离马克思的人的观点。这部著作也成为学习马克思列宁主义的指导手册。他的思想最终被俄国人接受了。自20世纪20年代中期开始，马克思列宁主义成为苏联的意识形态。

除了马克思和恩格斯的影响，乌克兰经济学家米哈伊尔·伊万诺维奇·杜冈-巴拉诺夫斯基也对刚刚成立的苏联产生了重要影响。他最初是一位马克思主义者，后来追随了伯恩施坦的修正主义，实现了通过议会制方式从资本主义逐步向社会主义社会体系转变的目标。

杜冈-巴拉诺夫斯基最出名的是他的危机理论，他主要在《周期性工业危机：英国危机史·危机概论》一书中叙述了这一理论，该书在1894年出版，1901年出版了德文版。他在此书中阐明了资本主义经济危机的根源，包括投资、消费和储蓄之间关系不均衡以及由于缺少生产规划导致的不同生产领域之间产生的摩擦。这就与马克思相违背了，后者认为利率下降是资本主义即将崩溃的根源。

于19世纪80年代进行的关于俄国工业发展路径的讨论中，杜冈-巴拉诺夫斯基引用马克思主义理论，大力支持以市场经济为基础的社会体系。他1898年出版的《俄国工业发展统计总结》一书对俄国社会民主产生了重要影响，同时也影响了列宁和他后来的"新经济政策"。

叶夫根尼·普列奥布拉任斯基是苏联早期的一位深具影响力的经济学家。他与布哈林在1920年共同撰写了《共产主义ABC》一书，他在这本书中宣扬了利用大型企业建立起中央计划经济并通过国家中央核算逐渐取消货币的观点。1926年，普列奥布拉任斯基出版了《新经济学》，它是最早的一部针对社会主义经济政策的著作，建议通过垄断和价格政策建立苏联社会主义工业化，并认为如此便能避免极权暴力。普列奥布拉任斯基的思想为在深入发展的自给自足经济的支持下，借助于计划经济，并且同时放弃消费而实现工业化的打算提供了蓝图。普列奥布拉任斯基追求的是计划经济对价格的管控。

除普列奥布拉任斯基外，尼古拉·布哈林和亚历山大·瓦西里耶维奇·恰亚诺夫也许是最重要的马克思列宁主义经济理论思想家。后者首先在1923年用德语出版了《农民经济理论》。他在这本书中阐述了，俄国农业经济未来的形式仍是以家庭为单位的小农经济，并且受到合作社制度和咨询体系支持的观点。由此，他的观点与20世纪20年代开始在苏联产生影响并最终引起强制集体化的"农业马克思主义者"的学说形成了鲜明对立。恰亚诺夫的著作如今主要受到发展经济学家的高度评价。

尼古拉·布哈林是列宁的亲密战友，同时也是《真理报》的主编。他赞同列宁的"新经济政策"，这一政策规定经济受中央调控，但是应当含有小型自由市场的自由农业经济的元素。布哈林最重要的理论著作是1917年出版的《世界经济和帝国主义》。1929年布哈林被撤去了所有的官职，因为他反对强制集体化，并且实施了冒进的工业化措施。

在20世纪30年代至40年代，苏联另一位最重要的经济学家是原匈牙利籍的叶·瓦尔加。他主要研究资本主义向社会主义过渡的问题，其中有其1920年出版的主要著作《无产阶级专政的经济政策问题》。之后，他以马克思主义为指导对经济周期性发展趋势分析做出了贡献。1927—1947年，瓦尔加任位于莫斯科的苏联科学院世界经济和世界政治研究所所长。当他在1946年出版的《第二次世界大战后资本主义经济的变化》一书中证明了资本主义具有更强的稳定性时，苏联的马克思主义者都同意瓦尔加的观点。虽然他曾失去过支持，但在1949年获得了平反。

在德语区，来自奥地利的卡尔·考茨基很早就在争夺马克思主义学说阐释权的斗争中占得了先机。考茨基同卡尔·伯恩施坦一起在《社会民主者》报社工作。他成为恩格斯的密切合作者，并且在恩格斯去世后成为马克思主义的新旗手。考茨基一度将社民党引向严格的马克思主义路线，但与罗莎·卢森堡不同，他反对社会革命。与杜冈-巴拉诺夫斯基相反，他采用了降低利率的论点。

在将马克思和恩格斯理论向前推进的过程中，罗莎·卢森堡是影响最深刻的人物之一。她结合考茨基的思想形成了危机理论，但是认为考茨基有关社会主义再生产过程的思想与马克思的学说不一致。卢森堡出生于波兰一个富裕的商人家庭，早期投身于工人运动，这也是她被迫移民，最终前往柏林的原因。特别是在她1913年出版的《资本积累论》一书中，她提出了资本主义将由于其对利润的追逐而在某个时候达到本国的极限从而向帝国主义发展的论点。

奥地利政治家、时事评论家奥托·鲍威尔在由卡尔·考茨基任主编的杂志《新时代》中以一篇与卢森堡著作同名的文章回击了卢森堡的诸论点。鲍威尔反对卢森堡的再生产模式，即对资本如何通过生产实现再生产和积累的过程的描述。鲍威尔认为资本主义通过其生产模式"自动消除过度积累和积累不足"，具有一种适应能力。

鲍威尔在1936年出版了著作《两次世界大战之间——世界经济的危机、民主的危机和社会主义的危机》。他通过书名，不仅警告了不久将爆发另一次世界大战，而且表达出他的"整体社会主义"构想，他通过这一构想试图将全世界的工人运动再次聚集在一起。

之后，来自波兰的奥斯卡·兰格在他1938年与弗雷德·曼维尔·泰勒合作出版的著作《社会主义经济理论》中也尝试将马克思的劳动价值理论同新古典主义的价格体系相结合。在他的构想中，计划经济中"似乎"可以使用市场经济的价格体系，他认为通过这一构想找到了可以证明社会主义计划经济比自由市场具有优越性的路径。这一想法也成为接下来要探讨的"（社会主义）计算争论"的中心问题。

奥地利马克思主义也为马克思主义理论发展做出了主要贡献。除了上文已提到的奥托·鲍威尔之外，奥地利马克思主义的代表还有鲁道夫·希法亭、埃米尔·莱德勒和麦克斯·阿德勒。奥地利马克思主义忠实于马克思主义的核心理论，但是发展了似乎能与多元主义国家的目标相吻合的阐释。

奥地利裔德国经济学家鲁道夫·希法亭也许是奥地利马克思主义最光辉的人物。他在1910年通过主要著作《金融资本》发表了一项有关资本主义的研究，在研究中他分析了不同形式的资本，并且扩展了马克思的货币理论。希法亭的"国家垄断资本主义理论"十分著名。根据这一理论，国家垄断主义企业会压制小企业，并且形成垄断组织，最终与银行共同掌控经济和国家。因此，工人阶级必须夺取金融资本。希法亭在社会民主党中与考茨基共同起草了1925年的《海德堡纲领》，他在魏玛共和国两次出任财政部长，之后死于巴黎沦陷后的盖世太保监狱中，死因不明。希法亭既影响了列宁，也影响了罗莎·卢森堡。

埃米尔·莱德勒在两点上区别于其同行：一方面，他赋予了急速壮大的公务员和职员阶级以重要的社会福利政策和经济政策意义，并且在1912年发表的《现代经济发展中的私人职员》中倡议，马克思主义理论应适应于这种社会学层面的发展；另一方面，莱德勒表述了一种批判性接受危机理论的观点：是资本的集中最终导致了资本主义体系的不稳固。

如上文所述，奥地利马克思主义时而倾向于社会民主的观念世界，这一观念世界赞同议会制度和一种向社会主义演进的发展。在这种情况下，早期奥地利社会民主党的最具有争议的思想先驱之一麦克斯·阿德勒尝试将马克思学说同伊曼努尔·康德的学说结合，并且主张通过议会制度实现议会民主，从而实现社会主义。1922年出版的《马克思主义的国家观》被认为是阿德勒最重要的著作。

另一位需要提及的重要马克思主义作家是以笔名"亚历山大·帕尔乌斯"发表文章的伊斯雷尔·拉扎列维奇·格尔方德,他曾跟随卡尔·毕歇尔学习,然而他之后主要被认为是社会民主者。帕尔乌斯为经济周期理论,尤其是后来康德拉季耶夫提出的世界经济长波理论提供了早期基本著作。他将在发展过程中相互重叠的各个国家的具有显著区别的潜力解释为引发重重发展浪潮的机制。

社会主义思想家爱德华·伯恩施坦的个人观点向社会民主思想发展,为德国社会民主党(SPD)发展为一个社会民主主义党派提供了精神基础。通过 1899 年出版的《社会主义的前提和社会民主党的任务》一书,他创立了所谓的"修正主义"。

伯恩施坦提出的论点使他与考茨基、奥古斯特·贝贝尔以及罗莎·卢森堡相对立。1921 年,他为社会民主党确定了修正主义方向,并制定了倾向于社会民主主义而不是马克思主义的《格尔利茨纲领》。在伯恩施坦去世后,社民党最终在 1959 年的《哥德斯堡纲领》中沿用了伯恩施坦的立场。

关于马克思主义,特别是计划经济能否运行这一问题在马克思主义思想家和新古典主义思想家之间引发了一场争论,这场争论长达数十年,然而它有几个显著的高潮。刚开始为这场辩论做出重要贡献的是恩瑞克·巴罗恩 1908 年的《集体主义国际的生产部门》一文。这篇论文在 1935 年被弗里德里希·冯·哈耶克翻译成英语才受到广泛关注,哈耶克严厉抨击了巴罗恩的方法。巴罗恩曾声称,一个受中央调控、不存在私人财产的经济体可以通过影子价格实现市场平衡。哈耶克对此表示反对。

路德维希·冯·米塞斯很早以前就引发了争论。在他1922年的《福利经济》一书中，他声称，计划经济可能无法运行，因为在计划经济中根本无法确定生产要素的价格。更确切地说，米塞斯认为在社会主义经济中，不可能通过将经济行为同其他行为相比较的方式达到社会主义经济的成功。此外，"不通过毫不负责地孤注一掷"，社会主义经济无法找到一种每个人独立行动的组织形式。米塞斯这一论述的前提是，不存在静态的平衡，因为经济处于永恒的动态发展中。

奥斯卡·兰格和弗雷德·曼维尔·泰勒在上文已提到的著作《社会主义经济理论》中对米塞斯提出了反驳。他们在这本书中提出了"第三条道路"模型，即所谓的"兰格-勒纳模型"来反对米塞斯的批评，这一模型是社会主义市场经济的一种形式，这一模型采用计划总部来模拟市场。这一模型规定可自由选择就业、工作岗位和消费，然而最终却前后不一致，成为一种受国家调控而非自由运行的经济，所以最终也未能破除米塞斯和哈耶克的反驳。

"兰格-勒纳模型"中所含有的另一个名字是根据出生于俄国的美国经济学家阿巴·普塔契亚·勒纳命名的。他是莱昂内尔·罗宾斯的学生，之后在剑桥大学停留期间成为凯恩斯学说左翼的追随者。勒纳对经济学的贡献是提出了"勒纳对称定理"，根据这一定理，出口税和进口税的效应相同，同时也对外贸理论做出了重要贡献，例如"生产要素价格均等化定理"（"勒纳-萨缪尔森定理"）。这一定理是说，一定条件下的商品自由贸易可以引向生产要素价格的均等化，主要是资本和劳动这两个生产要素间的价格均等化。他对"第三条道路""兰格-勒纳模型"的贡献，主要体现在他最重要的、1944年的著作《统制经济学》中。

接下来再看英国社会主义理论的发展。在那里，查尔斯·布斯是一位成功的商人，受奥古斯特·孔德著作的影响转向社会主义，并且在19世纪80年代末出版了英国第一部社会主义著作。据说，一支研究队伍在英国进行的田野调查，其目的主要是探究贫穷的根源，队伍成员有布斯的表妹比阿特丽斯·波特和她后来的丈夫悉尼·韦伯，二者结婚后前者更名为比阿特丽斯·韦伯。布斯和韦伯夫妇的著作促成了社会民主思路和费边社（工党的前身之一），独立撰写过一些经济学著作的乔治·伯纳德·肖也加入了费边社。韦伯夫妇力图废除穷人法，并且主张在全国范围内建立劳动局。比阿特丽斯·韦伯在1919年出版了《男女工资应该平等吗？》一书。

最后，关注一下几个重要的晚期社会主义经济理论家。来自波兰的米哈尔·卡莱斯基是坚定的马克思学说追随者，然而，他试图将马克思理论与古典主义的观念结合。出于这一想法，他在1933年用波兰语出版的著作《经济学理论尝试》中提出了一种长期增长的模型，这一模型早于凯恩斯的一些思想，例如他的增长通过需求决定并且通过投资追求增长的思想。卡莱斯基认为，充分就业能够避免经济波动。起初，他和他的思想并未受到关注，纯粹是因为他的著作是用波兰语出版的。后来，卡莱斯基被凯恩斯学派的思想家发现了，尤其是琼·维尔蕾特·罗宾逊和尼古拉斯·卡尔多受到了他的启发。

苏联数学家、经济学家里奥尼德·维尔塔利耶维奇·坎托罗维奇尝试通过数学演算得出最佳就业和分配方案，主要寻求一个受中央调控的经济中的最佳规划方案，并且独立于乔治·丹齐格和加林·查尔斯·库普曼的核心思想，创立了后来的线性编程理论，并凭此获得了1975年的诺贝尔奖。

另外值得一提的是来自匈牙利的亚诺什·科尔奈，在他的著作中最终反映了 1989 年社会主义经济体系的结束。他是伦敦政治经济学院的客座教授，在斯坦福大学和耶鲁大学获得了认可，并且是当时东方国家为数不多在西方世界不仅被接受还获得高度认可的经济学家之一。科尔奈将数理方法运用于制定计划经济的最佳法案上，并且在这一研究中做出了意义非凡的贡献，他在 1976 年出版的著作《结构决策的数学规划》就是最好的证明。

1980 年出版的两卷本《短缺经济学》被视为科尔奈最重要的著作，他在这部著作中阐述了这样的观点：永恒的短缺是计划经济的典型特征，因为每个企业都知道自己受国家保护，即使它的效率还不是太低。20 世纪 90 年代初，科尔奈对向计划经济体系转型的想法产生了重要影响。在 21 世纪初，该书在中国颇受欢迎，现在也经常被当作教科书使用。科尔奈和他 1990 年出版的《通向自由经济的道路》一书伴随了东欧的经济转型过程。遵循科尔奈建议的主要是匈牙利和波兰两个国家，通过一定的补偿实行私有化，并且把希望寄托于强大的投资者。

马克思主义经济学在 20 世纪下半叶的代表，还包括比利时人欧内斯特·曼德尔和新西兰人罗纳德·米克。曼德尔属于托洛茨基主义思想家，其主要著作是 1968 年的《马克思主义经济理论》（两卷本）。米克是斯拉法的学生，他试图将马克思的价值理论与古典价值理论相结合。

15　供需平衡理论

新古典主义学派

我们无法数清沙滩上的沙子,也无法数清爱的海洋中无数的微笑,但我们好像可以或多或少观测到快乐的总量,以及幸福的程度,而这已足够。

——埃奇沃思

马歇尔所做的工作,远比改变答案更重要。他改变了问题本身。

——琼·维尔蕾特·罗宾逊

新古典主义学派由古典主义学派和边际效用学派发展而来。概括经济理论史时,二者时常是交叠的:很多新古典主义经济学家常被划分为边际效用学派的代表,反之同样如此。新古典学派提供了一项经济学专业学生无论是在20世纪还是现在都必须学习的一项技能。

我们从新古典主义之父阿尔弗雷德·马歇尔开始,他和他开创的剑桥学派同时也总是被归于边际效用学派。马歇尔的父亲是英格兰银行的职员,根据父亲的意愿他本应成为一名牧师,但他坚持自己的想法在大学期间学习了数学,并且由于受到如何解决当时社会问题这一难题的困扰，最终投身经济学。他获得了剑桥大学讲师职位，但当他违反当时针对教职人员制定的不得结婚的规定，与经济学家玛丽·佩利（在婚后更名为玛丽·佩利·马歇尔）结婚后，不得不离开了剑桥，后来成为布里斯托大学学院院长。

1879 年，马歇尔夫妇二人出版了《产业经济学》一书，这是最早论述边际效用理论的教材之一。马歇尔赞扬约翰·贝茨·克拉克和古典学派思想家。此外，他也钦佩杜能和古诺，他不赞同甚至激烈反对瓦尔拉斯、杰文斯和门格尔的思想。马歇尔也受到了亨利·西季威克的强烈影响，西季威克在剑桥大学教授伦理学。西季威克将 1883 年出版的《政治经济学原理》分为实证部分和规范部分，并由此确定了对生产的要求是实证性质的、对分配的要求是规范性质的。在功利主义的基础上，西季威克在规范部分要求国家进行重新分配，因为货币对于穷人的边际效用比对富人而言大。西季威克成为后来福利理论的思想先驱，他认为公平分配是合理的。

1890 年马歇尔出版了用 20 年时间撰写的主要著作《经济学原理》。这部著作的问世深受作者疾病、对细节痴迷的影响。他的思想当时已通过他的讲座广为人知，现在这本书获得极大成功并且是几十年来经济学的典范著作。它是经济学最重要、影响最深刻的著作之一。马歇尔力图使它通俗易懂，并且将数学部分移到了附录中，这是本书取得成功的部分原因。

20 世纪和 21 世纪初的大学中对供应和需求的主要分析基于马歇尔这部著作中的思想。马歇尔将"控制变量法"引入分析：只改变一种变量，其他所有变量保持不变，观察其对整体的影响。马歇尔也进行了一种长期和短期观测。马歇尔改善了对价值理论的分析并且成功将古典学派的客观价值理论与边际效用学派的主观价值理论结合，通过利用供应曲线和需求曲线描述市场长期和短期表现。供应曲线逐渐上升（价格越高，供应量越大），它描述了供应商受客观控制的行为，供应商在一种商品的价格只与其生产成本相当时不再增加供应或不再供应。需求曲线逐渐降低（价格越高，需求量越小），它表明了需求者的主观行为，当价格不能满足所期望的特定效用时，需求者停止其需求。两条曲线的相交点是均衡价格。

马歇尔认为，货币市场和商品市场是两类不同的市场。他将货币只视为经济体系的"燃料"。他认为，真正的价值存在于商品中。因此，他认为增加货币总量只会引起价格升高，但它们并没有改变商品之间的交换关系。长远来看，马歇尔推测自主形成的工资、利率和价格间将达成平衡。马歇尔一生都支持社会主义，主要是支持人道主义，但他认为，在不断发展的社会资本主义中比在社会主义经济体系中更容易实行人道主义措施。

受到马歇尔钦佩的美国人约翰·贝茨·克拉克也为新古典主义的研究方法做出了重要贡献。克拉克曾在德国等地学习过，最初受到历史学派的影响，但后来脱离了这一学派。他的边际生产率理论十分重要，因此他也被列入英美边际效用学派重要代表。

克拉克在其1899年出版的《财富的分配》一书中还开创了边际生产率理论，其中生产和分配相互作用，最终每个人都获得了与其投入相当的产出份额。然而，尤为著名的是克拉克定律，根据这一定律，一种商品的价值由多个部分组成。其中每个组成部分都有其需求者。各个部分的需求者争夺各自感受到的最重要的边际效用，这决定了商品的价格。因为克拉克认为最终的财富增长才具有决定性意义。克拉克通过其资本理论，这一理论认为资本通过节制形成，来反对欧根·冯·庞里维克，克拉克与庞巴维克就此进行了一场长达数年的争论。克拉克反对新产生的学院派，克拉克的学生凡勃伦是这一学派的开创者之一。具有讽刺意味的是，克拉克的儿子约翰·莫里斯·克拉克是学院派的一位重要代表。

阿瑟·塞西尔·庇古性格怪僻，父亲是一位已退休的军官，并且是胡格诺教徒的后代。庇古不喜交际，这也许与其曾在第一次世界大战期间担任过一段时间的急救员有关，他终身未婚。他在剑桥大学学习期间就是阿尔弗雷德·马歇尔最喜欢的一位学生。庇古讲的一句"一切全在马歇尔"在剑桥大学成为一句口号。庇古主要扩展了新古典主义的马歇尔思想体系。具有讽刺性的是，曾在一段时间内任马歇尔助手的凯恩斯后来成为他的反对者。但是二者在其一生中都敬重对方。在庇古的著作中，1912 年的《财富与福利》与 1920 年的《福利经济学》对福利经济学产生了不可磨灭的影响。

庇古认为，当社会产品增加、改变收入分配或者合理使用收入时，财富也就增长。庇古 1933 年的《论失业问题》一书对财政政策和就业理论具有重要意义。他也为后来的环境政策做出了重要贡献，并为政府干预奠定了理论基础。在后来与凯恩斯的争论中，他试图与新古典学派调和他的观点。他对亚当·斯密关于对个人有利的东西肯定也总是对整体有利的这一观点存疑，但与凯恩斯得出的结论相同，庇古也认为市场可能会失效。凯恩斯认为就业不充分时，工资与价格同等程度地降低，庇古则不这样认为，他反驳道，即使是这样，也会使得财富的实际价值增高。这会导致对消费品的需求增加，并克服危机。这一论点是为人熟知的"庇古效应"。

庇古还指出了社会成本和私人成本不协调而导致的市场失效。庇古由于他的这种考虑而为"归因原则"做出了贡献,根据这一原则,谁污染环境,谁就要为此付款。"生活质量"这一概念由庇古引入,之后成为比"生活水平"更理性流行的对比参数。对外部环境造成负面影响的肇因者(例如,通过排放有害物质而破坏环境的工厂)在核算时,必须将负面影响造成的社会成本计算在内。他提议征收在经济学中十分著名的"庇古税"。相反,对外部环境产生积极影响的肇因者要进行补贴。庇古的福利理论方法成为后来环境政策的基石,也是国家干预经济的理论基础。

与凯恩斯将关注点引向经济政策的影响不同,庇古是一位严谨的理论家,但他作为顾问却相当不成功,凯恩斯强烈抨击财政大臣温斯顿·丘吉尔重新引入金本位制,但庇古赞同这一行为,丘吉尔与庇古曾就读于同一所精英中学,并且是同学。

弗朗西斯·伊西德罗·埃奇沃思是新古典主义的伟大局外人。他出生于一个富有的爱尔兰家庭,在以家族姓名命名的埃奇沃思镇的庄园中长大。他1881年出版的《数学心理学》一书被认为是数理经济学的经典著作。埃奇沃思十分崇敬马歇尔,后者也十分赞赏前者,但这并不阻碍二者成为对方的反对者。1888年埃奇沃思获得伦敦大学教授职位,两年之后在牛津大学担任政治经济学教授。同年,他成为新成立的《经济学杂志》的第一任主编。1911年,他将职位转给约翰·梅纳德·凯恩斯。埃奇沃思没有学生,并且始终提倡马歇尔的新古典主义学说,但未将自己的思想形成一个完整体系。

实际上,在埃奇沃思去世之后,他的功绩才得到充分认可。他的许多贡献已成为经济学理论的工具,例如他开创的能够带来相同效用的不同商品组合的"无差异曲线分析",以及"埃奇沃思盒状图"模型,这一盒状图对比两位交换者的无差异曲线。之后,"埃奇沃思税收悖论"被引入学说中，根据这一悖论，税收的增加实际上将传递给物价。然而，可能会出现物价升高致使需求降低，导致物价最终必须降低的情况。

19世纪末期，瑞典产生了瑞典新古典学派（这一概念由贝蒂尔·奥林提出）。其最重要代表有克努特·维克塞尔和古斯塔夫·卡塞尔。克努特·维克塞尔对经济学最重要的贡献是，他将边际效用思想运用到货币理论的不同领域中。他在1896年《财政理论研究》一书中制定出一个公平的税制。维克塞尔提出了税法中的"公平原则"，根据这一原则，由在一项公共服务中受益的人来支付，这一原则今天仍在影响新制度经济学派。

他1898年出版的《利息与价格》一书开创了现代宏观经济学，但在书中几乎没有用数学阐述证明。他认为，通货膨胀和通货紧缩不仅仅是由货币总量决定的，重要的是"货币利率"与"自然利率"之间的关系。维克塞尔认为"货币利率"是金融市场上的利息，也就是货币利息。"自然利率"是指供应和需求相等时的利息，也就是实际利息。标准利息与自然利息间的调整过程改变了物价。"维克塞尔过程"描述了这种情况：货币利率受制于自然利率，而银行的发行货币低于"自然利率"，这就带来了经济增长，然而也导致了工资增加和通货膨胀。

在实际的经济政策中，维克塞尔主张自由竞争，然而同时也赞同国家干预甚至赞同国有化。他也支持工会运动，主张分配财富以消除阶级差异，要求征收高额的继承税。和瑞典经济学家古斯塔夫·卡塞尔相同，维克塞尔的许多著作也是用德语出版的。因此，英语区的许多经济学家不了解他的著作，并且德国主要的历史学派由于其科学研究方法对维克塞尔的观点也不感兴趣。直至维克塞尔去世后，在20世纪20年代末30年代初，主要是在凯恩斯的倡议下，《利息与价格》一书被译为英语，之后人们才发现他对经济学的重要意义。欧文·费雪和其他一些与维克塞尔对立的经济思想家如弗里德里希·冯·哈耶克和约翰·梅纳德·凯恩斯都接受了他的观点。在瑞典，冈纳·缪尔达尔、贝蒂尔·奥林和斯德哥尔摩学派都同维克塞尔的思想相联系。

古斯塔夫·卡塞尔是克努特·维克塞尔的对手。因为他反对边际效用学说和凯恩斯的学说，由于他毫不留情地表达了他对边际效用理论和凯恩斯学说的反对意见，他的同行们对他的欢迎程度非常有限。与凯恩斯在收入理论中的观点不同，卡塞尔认为储蓄绝不会减少需求。在利息理论中，他不同于庞巴维克将利息视为溢价的见解。他认为，利息是对等待资本即等待使用资本收取的代价。他于1918年，以德语出版了他的代表著作《社会经济学理论》，批判了所有的价值理论。卡塞尔认为，只有价格体现了价值。因为价格构成了更够识别的价值，并且只有商品的短缺性决定其价值，而不是效用或者社会、道德因素。此外，鉴于商品的稀缺性，价格最终决定了由消费者产生的需求。

卡塞尔还被认为是购买力平价理论的先驱，这一理论尝试借助货币购买力解释货币的汇率。这一理论基于杰文斯的"价格无差异定律"（又称"杰文斯定律"），根据这一定律，一个公开市场的商品的价格在所有的地方必须相同。李嘉图在外贸领域中对购买力平价的分析也发挥了重要作用。如果放眼全世界研究一种特定的、在所有国家相同的（同质）产品，那么购买力平价理论认为一种货币可以按一定比率兑换成其他货币，因此可以利用一种单位货币在所有的地方购买相同总量的产品。用于确定一种货币购买力的"巨无霸指数"十分著名，这一指数显示了巨无霸汉堡在世界上不同国家换算成美元的价格。根据这一指数，挪威货币属于购买力最强的货币之一，南非货币属于购买力最低的货币。此外，还有其他指数，如"iPad指数"和"肯德基指数"。卡塞尔的遗言是:"世界货币!"

瑞典经济学家约翰·亨里克·阿克曼是一个另类,他 1938 年出版了以德语撰写的《社会经济学合论》,其中的分析也运用了社会学因素,同样是一部经典之作。阿克曼受德国历史学派的影响,并且批判了斯德哥尔摩学派及其强调的数理方法。他打破了经济学中社会学和自然科学的二元论,因此被称为"隆德学派"的创立者。他主要通过影响新制度经济学而产生了持续影响。

欧文·费雪是新古典学派的主要代表人物,尽管人们也许也可以将他视为经济学领域的一个"局外人"。费雪性格古怪,却是一个通才。他最早提出了股票指数,还发明了名为"罗洛德克斯"的索引卡片系统,并因此发了大财。费雪相信优生学,还认同西尔沃·格塞尔的货币观点。

费雪在著作中充分利用了数理方法,他是货币、价格、效用和利息理论方面的重要思想家。费雪将利息分为名义利率和实际利率,研究了价格变化时利息的表现,并试着设计出一种稳定物价的工具。他的重要著作包括:被视为现代价格和效用理论基础著作的博士论文《价值和价格理论的数学研究》以及《利息率》《利息理论》。后两本书属于现代利息理论的奠基之作。

2018 年瑞士公民在全民公投时放弃引入"主权货币"。主权货币这一概念源于欧文·费雪和弗兰克·奈特,二者都受 1929 年美国"股市大崩盘"的影响,他们于 20 世纪 30 年代初宣扬这一观点,目的是加强金融体系。奈特在 1933 年写了一份备忘录,由费雪签署。他们对银行业改革提出了一系列建议,要求只授权国家中央银行设立准备金,而不是像其他金融体系那样授权给所有银行。

16 如何化解市场危机

凯恩斯与经济大萧条

最困难的不是接受新思想，而是摆脱旧思想。

——凯恩斯

紧接着 1929 年的美国股市崩盘出现了著名的经济大萧条和全球经济危机。我们是否也需要一种新思想和新的经济政策手段？人们陷入了沉思。

在股市大崩盘之前是一段繁荣时期，在鼎盛时期，即便是收入低、储蓄少的人也开始贷款买股票。之后，在 1929 年的秋天，这次崩盘宣告结束了。股市行情崩盘，并且在接下来的几天持续崩溃。股市是怎样如此过热的，以至于期待的经济增长到头来成为一场混乱？这时，约翰·梅纳德·凯恩斯与其早些年逐渐发展起来的关于对市场的期望和市场短期、长期平衡的想法成为这场理论探讨的焦点。

凯恩斯到底是掀起了一场经济学理论的革命，还是只是对传统学说的改良，专家们对此的争论仍在持续。可以肯定的是，凯恩斯无疑是一位最重要和影响最深刻的经济学思想家。凯恩斯算是出生在剑桥大学。他的父亲约翰·内维尔·凯恩斯是一位颇具名望的经济学教授，母亲弗洛伦斯·阿达·凯恩斯后来是剑桥市第一任女市长。凯恩斯年幼时期就

经济大萧条期间的纽约证券交易所门前站满了焦急的银行业者

展现出非凡的天赋。他先是学了数学,之后是经济学。阿尔弗雷德·马歇尔和阿瑟·塞西尔·庇古曾是他的老师。在印度事务部任职后,凯恩斯返回剑桥大学教授经济学。1911 年他成为《经济学杂志》的第一任主编弗朗西斯·伊西德罗·埃奇沃思的接班人,《经济学杂志》是英国最具影响力的经济学期刊。

在第一次世界大战期间,凯恩斯在英国财政部任职,并在 1919 年的巴黎和会上是英国代表团成员。他在会上反对强加给德国的高额战争赔款,因此他辞职再次回到剑桥,并于同年在引起轰动的《〈凡尔赛和约〉的经济后果》一书中阐述了其警告。此后,他强化研究货币理论。1923年,凯恩斯出版了《货币改革论》,他在书中建议,保持国内货币稳定,必要情况下在对外贸易时可以贬值。凯恩斯分析了通货膨胀和通货紧缩对社会的不利影响，他的主要目标是，完全避免二者出现。新古典主义经济学家仍然相信，长期来看，每个市场总能再次达到平衡，凯恩斯在《货币改革论》一书中就已用一句著名的话回击："从长远看，我们都已死去。"

接着，他于1930年出版了两卷本《货币论》，他在书中全面阐述了他的货币理论。如果说凯恩斯《货币改革论》一书还带有新古典主义学派的标志，那《货币论》一书则与其划清了界限。现在探讨的问题是货币体系中的不平衡和过渡阶段，同时他同维克塞尔的通货膨胀和通货紧缩思想相联系。凯恩斯研究利息对投资和价格影响这一新角度具有开拓性意义。并且，他对需求不足而导致的经济不平衡的研究也具有创新性。然而，这部著作也有不足之处，凯恩斯也觉察到了这一点，并且在下一部著作中他试图在综合理论的框架内解决这个问题。

以凯恩斯为中心的著名团体"剑桥使徒"，是一个由年轻经济学家组成的读书社团，其成员包括皮埃罗·斯拉法、詹姆斯·米德、琼·罗宾逊和奥斯汀·罗宾逊夫妇，还有理查德·卡恩。凯恩斯在团体中讨论并检验他的思想。社团成员在他1936年出版重要著作《就业、利息与货币通论》（以下简称《通论》）时，也提供了帮助。在这部综合著作中，凯恩斯为当时亟待解决的问题提供了新的答案，针对的问题是：经济政策如何克服紧随1929年股市大崩盘产生的、已持续多年的经济大萧条？凯恩斯根据国民经济体中期望、收入和就业之间的关系为问题找到了新的答案，并且以此改革了经济学和经济政策。

在《通论》一书中，凯恩斯虽以古典学派和新古典学派的学说为基础，但他坚信，人们应该改变思考角度。他本人也通过颠覆古典学派的根本设想来践行了这一点。凯恩斯在这本书中抨击了经济人的概念："古典主义理论的杰出贡献是，破除'自然人'的观念，同时自身也是错误的。"他还谈到了"动物精神"，这种精神常主导人类的群体行为。与新古典主义经济学家不同，凯恩斯认为市场参与者的期望也发挥了重要作用。

此外，古典理论的核心方法基于以下前提：危机中的工资降低，企业主由于较低的劳动和资本成本最终会再次加大生产量，就又会雇用更多的人。然而，如过去几年的现实所表明的，这并未实现，正如萨伊落空的推测：根据上述前提，每种供应最终都创造了其需求。

中间要提一下凯恩斯的一位思想先导：英国政治思想家、经济学家约翰·阿特金森·霍布森，他在1889年与著名登山运动员阿尔弗雷德·弗雷德里克·马默里合著的《工业生理学》一书和独著《劳动与财富》两部著作中做出了有趣的贡献。他反对萨伊提出的每种供应都创造其需求这一定律，并且开创了一种消费不足理论，根据这一理论，收入分配不公导致经济危机。在他1902年的《帝国主义》一书中将消费不足理论应用于殖民主义，并且发表了论点说，在贫穷的殖民国家投资只会增加母国的财富。列宁采用了霍布森倾向于社会民主的思想，并且将它用于发展期危机理论。凯恩斯认为霍布森是："经济理论的先驱"。

凯恩斯认为，长期失控的经济只能由国家通过投资刺激，从而恢复平衡。他以一个著名的例子阐明这一观点："任何个人储蓄决定都可以表现为今天决定不吃午饭了。但这并不一定就意味着，一周或一年后再吃午饭，或者去买一双靴子，或者某一特定时刻完成别的什么消费。因此，它破坏了那些午餐供应商的生意，但却没有对本来可能受益于之后某个消费决定的供应商的生意带来刺激作用。"

市场参与者的决定确定了未来的不确定性。一个企业主只生产他期望能够卖得出去的商品。因此，需求而不是供应决定企业主是否投资。凯恩斯也反对新古典主义提出的利息每时每刻都在努力创造储蓄和投资平衡这一观点。相反，凯恩斯认为：在经济困难时期，储蓄会增加，需求也会因这种影响而下降。

如果现在企业主由于对需求的预期较低，而没有进行足够的投资，国家则必须作为投资者通过由此创造的商品和劳动力需求激活经济。此外，还要制定降低利息的政策，辅助发挥作用。在提出上述观点时，凯恩斯将"乘数原理"作为经济理论的核心，这一理论在凯恩斯之前就已被经济学家发现，例如克努特·维克塞尔。真正创立乘数理论的是英国经济学家理查德·卡恩，他在1931年的《国内投资与失业的关系》一文中提出了这一理论。简而言之，乘数表示当国家投资增加一个单位时，产出将超比例地增加。

凯恩斯及其具有革命性的观点迅速引起了年轻一辈经济学家的共鸣，并且形成了一个新的国民经济研究方向：凯恩斯主义，它将经济学分为两大阵营。二者至今仍在围绕在经济失衡时应该怎么做的问题争论：在国家层面进行储蓄或者以加大负债为代价进行投资？

在实际的经济政策中，美国总统富兰克林·德拉诺·罗斯福在很长时间的犹豫之后，从1938年开始实施凯恩斯的思想。凯恩斯本人在第二次世界大战期间对英国的经济政策，特别是对战争的筹资产生了强烈的影响。早从1941年，凯恩斯就参与制定了战后国际经济新秩序。在著名的布雷顿森林会议和萨凡纳会议上，他提出的设想是建立国际清算体系，使用记账货币来平衡国际支付，但他的设想未能得到响应。相反，美国政治家哈利·德克斯特·怀特的建议得到采纳，美元被确立为主要货币，并与黄金挂钩。矛盾的是，后来反对凯恩斯的货币主义恰好采用他自主国家货币的概念。

凯恩斯主义最迟随《通论》一书产生，是除马克思主义外唯一根据人名命名的经济学思想流派。早期凯恩斯主义的重要代表是尼古拉斯·卡尔多和阿尔文·哈维·汉森，之后有拉尔夫·乔治·霍特里，还有尤其重要的英国经济学家约翰·理查德·希克斯（虽然他认为自己不是凯恩斯主义者）。他同肯尼斯·阿罗"由于对一般均衡论和社会福利理论的开拓性工作"而共同获得1972年的诺贝尔经济学奖。

希克斯是20世纪影响力最大的一位经济学家，为经济学贡献了多条含有希克斯名字的定理和多个模型，如"卡尔多–希克斯效率"和"希克斯–汉森图表"及"希克斯需求函数"。他1932年的《工资理论》一书影响了现代工资和劳动市场理论，在1939年的《价值与资本》一书中，他创立了一个与马歇尔的周期性分析相对的短暂性经济平衡分析，通过自己的方法补充新古典主义和凯恩斯主义的方法，他认为其晚期著作《货币的市场理论》一书是对货币理论的"修整"。

希克斯在1937年发表的《凯恩斯先生和"古典学派"：一种解释》这篇论文中提出了IS–LM模型。这一模型是IS模型[1]与货币市场平衡模型[2]的组合。根据约翰·理查德·希克斯的理论，IS–LM模型展现了利率与国民总收入的组合，在这一组合中，商品和货币市场上的供应和需求处于平衡。然而，这一模型也将凯恩斯思想简化至短期观测。1944年意大利经济学家佛朗哥·莫迪利亚尼将其博士论文《流动性偏好以及利

---

[1] 投资–储蓄模型（Investment-Saving-Model）的缩写。
[2] 流动性偏好–市场供给模型（Liquidity preference-Money supply-Model）的缩写。

息与货币理论》作为文章发表,他在此文中将 IS-LM 模型与劳动市场结合,人们称之为新古典综合学派。

尽管如此,这一模型仍被当作凯恩斯模型教授,但如上文所说,它更像是"新古典综合学派"。保罗·萨缪尔森最终于 1948 年在其深具影响力的教材《经济学》中普及了这一模型,并且,萨缪尔森是新古典综合学派,即将凯恩斯思想与新古典主义调和的代表,我们之后会深入探讨他的思想。此外,希克斯之后不再确信自己对 IS-LM 模型的阐释,他的阐释将凯恩斯的思想简化为静态的思考方法,但使之易于理解。但同时,它省略了凯恩斯思想的动态思考方法。

货币主义又称货币学派,建立于对 IS-LM 模型的批判。这一学派发现了以发行政府债券筹措资金的方式产生的额外国家需求,其名为"挤出效应"。国家需求隐藏着排挤私人需求的危险。例如,当公众投资国家发行的债券时,他们对私人机构发行债券的投资就会减少。因此,主可以通过减少预算赤字抵消挤出效应。

被称为"美国凯恩斯"的经济学家阿尔文·汉森为 IS-LM 模型做出了重要贡献。在美国,IS-LM 模型甚至被作为"希克斯-汉森综合理论"教授。他在 1927 年的《商业周期理论》中就已经对商业周期理论进行了回顾,对以前的方法进行了归类,并向凯恩斯的理论发展。汉森在 1951 年《商业周期与国民收入》一书中将对凯恩斯思想的运用扩展到经济形势理论。汉森提出了"长期停滞论",根据这一理论,由于人口增长过低和领土扩张不足,资本化的国民经济体发展停滞。

尼古拉斯·卡尔多出生于匈牙利,后来在英国被封为爵士。1934年,他发表《企业的本质》一文,为平衡分析做出了重要贡献。他最初受到老师莱昂内尔·查尔斯·罗宾斯的影响,并支持新古典主义和奥地利边际效用学派,然而,《通论》一书出版后,他转而加入凯恩斯主义改革。重要的一些经济形势和经济增长理论都带有卡尔多的名字。例如,他与约翰·理查德·希克斯共同创立了著名的"卡尔多-希克斯标准",它是"帕累托最优"的扩展。根据这一标准,只要重新分配的潜在赢家可以补偿潜在的输家,并且在那之后还可以一直改善,那么福利就还未达到最优状态。

提勃尔·西托夫斯基出生于匈牙利一个贵族家庭,后来加入美国籍,在20世纪40年代初提出了所谓的"西托夫斯基双重检验标准",它考察了"卡尔多-希克斯标准",并且表明,可能存在从分配状况A过渡到分配状况B与从B过渡到A一样好的情况(西托夫斯基悖论)。

凯恩斯主义内部在早期就形成了多股思潮,它们以不同的方式延续凯恩斯的学说,尤其是后凯恩斯主义者和左派凯恩斯主义者。左派凯恩斯主义者在不同的构想中支持以社会主义为导向的经济体系改组(其中有琼·维尔蕾特·罗宾逊、皮埃罗·斯拉法和阿巴·普塔契亚·勒纳),通常,所有的后期和当前的对凯恩斯思想体系的扩充都被认为是后凯恩斯主义。尤其值得一提的是埃弗塞·大卫·多马,还有早期的保罗·萨缪尔森和约翰·理查德·斯通。

IS-LM模型也受到了局限,琼·维尔蕾特·罗宾逊等左翼凯恩斯主义者致力于对其进行限制,她将IS-LM模型轻蔑地称为"浑蛋凯恩斯主义"。罗宾逊在年轻时期就加入了以凯恩斯为中心的"剑桥使徒"社团。她爱好辩论,是20世纪最杰出的经济思想家。因为她是女性,所以人们肯定她的贡献时有所迟疑。她在63岁时才作为剑桥大学正式教授授课。她多次获得诺贝尔经济学奖提名,但从未获奖。

1933年,罗宾逊出版了《不完全竞争经济学》。同年,哈佛大学教授爱德华·黑斯廷斯·张伯伦在美国出版了《垄断竞争理论》。这两本书是垄断理论领域的基础著作，并且是不完全竞争分析发展的里程碑。张伯伦认为，完全垄断和完全竞争在现实中不存在；然而，市场参与者通过追求"近乎垄断地位"而遵循一种垄断性竞争。罗宾逊认为，在实际的经济实践中追求充分就业这一目标的方式不对。即通过在第二次世界大战和之后的冷战中建立军事与工业的综合体。她提倡具有社会效用的生产活动，并且认为充分就业并不是企业主关心的问题，因为失业的风险惩罚的是雇员。

不过，罗宾逊明确与马克思主义划清界限，其中在她 1942 年的著名著作《论马克思主义经济学》一书中，她反对马克思的劳动价值理论，并且指出《资本论》第一卷与第三卷之间相互矛盾。马克思在第一卷中解释，在资本主义中提高劳动生产率会加大剥削程度，然而在第三卷中他认为提高劳动生产率导致企业利润降低（利息率下降趋势规律）。这就意味着工资提高。尽管罗宾逊十分敬重作为学者的马克思，却反对他的意识形态的观点。在她 1956 年出版的、与罗莎·卢森堡的著作同名的《资本的积累》一书中，她明确反对卢森堡提出的自由市场发展趋于帝国主义的论点。在理论方面，罗宾逊拓展了凯恩斯短期和长期的学说，并且认为处于平衡状态的经济长期持续增长的前提是科技进步、生产总量增加和潜在劳动力增多三者同时发力。

意大利经济学家皮埃罗·斯拉法与意大利革命家安东尼奥·葛兰西是密友，并资助了他。斯拉法在剑桥大学学习期间与凯恩斯结识，之后在意大利教书，然而在墨索里尼和法西斯夺取政权之后，他不得不移民国外，他先是经过伦敦，最终又回到了剑桥大学。在那里，他是以路德维希·维特根斯坦和弗兰克·普兰顿·拉姆齐为中心的"自助社"和凯恩斯"剑桥使徒社"的成员。

由于斯拉法性格怯懦腼腆，因此讲授大课在他看来是一种折磨。凯恩斯帮助他找到一个国王学院图书管理员的职位，他的工作任务中曾有一项是编辑大卫·李嘉图的再版著作。20年后，斯拉法出版了一个10卷的版本，在这一版本中他成功阐明李嘉图思想有利于凯恩斯主义学说，并且以此创立了新李嘉图学派。斯拉法的主要著作是1960年出版的一本薄书《用商品生产商品：经济理论批判绪论》，他在这本书中通过定义价格的产生批判了新古典主义的边际效用理论，他认为价格并不是稀缺或短缺的产物，而是生产条件。由此，斯拉法试图建立一种新的价格理解，根据这一理解，价格具有社会功能，并且像新古典主义中一样不具有个人功能。

斯拉法创造了一种理论，利用这一理论可以长期应付危机，这基于所谓的利润率（"rate of profit"主要是马克思主义术语，"yield"主要是古典主义学派术语），斯拉法认为当工资提高时，利润率降低，这会导致企业主转而使用利润率较高的新技术。然而，随着时间的发展，企业主有可能重新转换，即所谓的"技术再转换"。

詹姆斯·爱德华·米德由于其对对外贸易理论以及经济政策的研究而获得了1977年的诺贝尔奖，他也是"剑桥使徒社"的一员。米德是国家再分配政策的坚定拥护者，尽管他反对国家直接干预经济政策，但他赞同税收政策及货币政策措施，前一项措施是为了实现充分就业，后一项是为了达到国际收支平衡。

米德与英国经济学家约翰·理查德·斯通都属于后凯恩斯主义。斯通是同为"剑桥使徒社"社员的理查德·卡恩的学生，受到了凯恩斯学说的深刻影响。他本人及其著作也为国民账户核算体系的发展做出了重要贡献。例如，1941年，他同米德一同制定了英国第一个国民账户核算方法，尽管是为了发动战争而估算英国国民经济的资源。斯通研究了经济学的不同领域，并且在1952年与德里克·罗和另外的作者共同出版了《1920—1938年英国消费者的支出和行为的测算》一书，这是一项早期对消费行为的调查。由于对国民账户核算体系以及对实证分析做出的贡献，斯通（1978年被封为爵士）于1984年获诺贝尔经济学奖。

另一位后凯恩斯主义者是美国经济学家海曼·菲利普·明斯基，为经济学贡献了"金融不稳定假说"。明斯基描述了金融市场不稳定的趋势。起初，投资者在投资时十分谨慎，在金融市场保持稳定时，他们就转向风险很高，并且通过贷款进行的投机活动。不久，利润仅够支付贷款的利息。投资行为逐渐进入滚雪球模式。现在，人们再次贷款以偿还之前贷款的利息，并且在某个时刻泡沫会破裂，会突然引发金融体系崩溃，这就是所谓的"明斯基时刻"：看似健康的经济繁荣形势突然崩溃，紧接着就是金融危机。明斯基及其分析本来几乎被人遗忘，但2008年的金融危机使他再度流行。

埃弗塞·大卫·多马也是后凯恩斯主义一位杰出人物，他出生于波兰，后来加入美国籍。他独立于英国经济学家罗伊·福布斯·哈罗德制定了哈罗德-多马模型——凯恩斯主义经济增长模型。哈罗德1939年发表了他的方案，多马在1946年于《资本扩张、增长率和就业》这篇论文中提出他的方法。这一经济增长模型为以需求为导向的凯恩斯主义扩充了长期均衡。多马阐述了，长期保持经济平衡的前提是国民收入的持续增长，只有持续投资，经济才能再次增长。多马认为，降低储蓄率和科技进步是解决方案，二者必须由政府相应的政策引导而实现。

凯恩斯的思想在德国是什么情况呢？在德国，卡尔·佛尔未受凯恩斯《通论》的影响,在 1937 年发表了他的博士论文《货币创造与经济循环》,它属于现代经济周期理论及分配理论领域。佛尔在这篇论文中创造了一种经济循环模型,其中国家需求能够促进经济繁荣,并且创造就业岗位。米哈尔·卡莱斯基、恩斯特·弗里德里希·舒马赫以及埃里希·施耐德后来对佛尔表示赞同。佛尔后来还提出了所谓的"佛尔定理",根据这一定理,在一定前提下,对利润征收的税费会直接转移到消费者身上。然而,佛尔未受到广泛的认同,一定也因为德国当时处于纳粹的统治之下,在经济学界受孤立。在这一点上,他与汉斯·皮特的处境相同。由于受到纳粹的压迫,皮特以及他对增长理论等科学研究做出的贡献,到后来才得到认可。

之后,作为以数理方法为导向的国民经济学的代表,埃里希·施耐德是凯恩斯学说的重要捍卫者。然而,他也受到了阿尔弗雷德·马歇尔的影响和启发。施耐德为现代价格理论做出了重要贡献,尤其是他 1932 年发表的大学授课资格论文《垄断性经济形式的纯粹理论》。此外,他联系了凯恩斯循环理论中的研究方法,扩展了这一方法并使之与时俱进。他最后的四卷本著作《经济理论导读》成为德国大学中具有权威性的教材。施耐德为德国经济学发展再次与斯堪的纳维亚语和英语区的发展接轨做出了重要贡献。

具有德国血统的美国经济学家理查德·马斯格雷夫综合了德国传统财政学与凯恩斯思想,尤其是他 1959 年的《公共财政理论》一书,他在这本书中列出了国家三大社会职能:资源配置、收入分配、经济稳定。

美国经济学家阿诺德·哈伯格提出了在财政学中十分重要的"哈伯格三角",这个三角形表明,引入一种新的消费税时,如果这种税影响尽可能多的纳税人,必须限制福利损失(也称超额负担)。此外,哈伯格的模型表明了供需弹性的重要性。供需弹性对于税负归宿（征收的税费转嫁到了其他的市场参与者身上），也具有重要作用。

在瑞典，斯德哥尔摩学派帮助凯恩斯思想取得了突破性进展。这一学派最重要的代表有埃里克·林达尔、冈纳·缪尔达尔以及已经预料到了凯恩斯主义的贝蒂尔·奥林。

在经济理论史上，伊莱·菲利普·赫克歇尔位于斯德哥尔摩学派之前。他的主要著作是1931年两卷本的《重商主义》。他主要为外贸理论做出了重要贡献。他由于以其名字命名的著名"赫克歇尔-奥林定理"而名留青史，他在《国际贸易对收入分配的影响》这篇论文中阐述了他的思想。后来，他的学生贝蒂尔·奥林延续了他的方法。"赫克歇尔-奥林定理"借助不同贸易国生产要素的不同配置阐明了对外贸易。赫克歇尔和奥林得出的主要结论是，每个国家最终都集中生产能够最密集地利用本国生产要素的商品。

埃里克·林达尔在1919年发表了他后来著名的博士论文《公正课税论》。他在这篇论文中建议了一种公共产品的融资方式，它与重商主义的解决方案十分相似。人们将通过这种方式实现的经济均衡称为"林达尔均衡"，算出的消费者所付价格被称为"林达尔价格"。林达尔作为克努特·维克塞尔的学生继续发展了他的研究方法。他在1930年的《货币政策·卷二》一书中为由独立国家组成的货币联盟设计了一种两个等级的中央银行体系，这一体系在创建欧洲中央银行虽然被讨论，但未被采纳。

冈纳·缪尔达尔是维克塞尔和卡塞尔的学生，他也许是20世纪最具影响力的经济学家。他被认为是瑞典福利国家概念、由此也是联系凯恩斯思想的反周期财政政策的开创者与实施者。缪尔达尔是瑞典议会议员，同时也是社会民主政府的贸易部长。他强调国家应加强在经济领域的投资并且积极应对失业问题。通过国家广泛的再分配措施，缪尔达尔想要同时实现所有阶层的收入稳定增长。

此外，缪尔达尔将"事前和事后分析"引入经济学。前者试图分析未来经济关系，后者与之相反，其目的在于研究过去阶段的发展趋势。1970年，缪尔达尔与妻子阿尔瓦·缪尔达尔获得了德国书业和平奖（阿尔瓦·缪尔达尔与加西亚·洛夫莱斯在1982年共同获得诺贝尔和平奖），并在1974年与弗里德里希·冯·哈耶克一同获得诺贝尔经济学奖。

凯恩斯主义思想深刻影响了经济政策和社会政策行为，其影响不仅在于尝试克服1929年之后的全球经济大萧条，也在于"二战"之后在斯堪的纳维亚半岛和英国建立福利国家。紧接着，在英国，首先通过1942年就已经由经济学家、政治家威廉·贝弗里奇制订的贝弗里奇计划，它是广泛社会改革的基石。英国就此创立了国家医疗服务体系，并且国家试图通过有力的调控措施实现充分就业。在联邦德国，卡尔·席勒在20世纪60年代中期以来的经济政策中提供了凯恩斯主义的社会民主变体。还有，1971年美国总统尼克松呼吁道："我们都是凯恩斯主义者！"

凯恩斯以来，市场经济学说分裂为两个阵营。应该通过经济税收政策（国家财政政策）调控经济（这受到凯恩斯主义者的认同），还是通过货币政策（货币主义）调控经济（这是古典自由主义学说追随者）？应该（通过国家投资和工资升高）刺激需求（凯恩斯主义者），还是刺激供给侧（古典自由市场主义者）？应该将经济作为整体进行调控（凯恩斯主义者赞同的宏观调控），还是听任市场自身的调节机制调节经济（市场自由主义者的主张）？

政客在经济低迷时采取了凯恩斯主义措施，由此也将增加的国家赤字合理化。凯恩斯及其思想成为欧洲所有福利国家全方位的理论参考。只是与凯恩斯的学说相反,接下来的经济上升阶段中,这些国家赤字大多并未再次减少,这影响了人们对凯恩斯理论体系的接受。20世纪70年代的经济危机,表明凯恩斯主义政策不再起作用,甚至似乎还加剧了危机,这时市场自由主义理论对其的反对运动高涨起来。

17 市场和人类的自由

新自由主义的另一张脸

> 市场经济秩序所研究的事实知识比任何个人甚至组织知道的都多,这就是市场经济比任何其他经济形式高效的决定性原因。
>
> ——弗里德里希·冯·哈耶克

> 供应者和需求者始终寻求——只要存在可能性——避免竞争、争取或捍卫垄断地位。
>
> ——瓦尔特·欧根

法国哲学家路易斯·罗杰尔曾出版了关于认识论和科学理论的著作,1932年他到访苏联,并获得了一种个人印象:计划经济行不通。1938年,他在巴黎邀请多位经济学家、哲学家和其他思想家参加"沃尔特·李普曼讨论会"。当时世界局势紧张,人们正处于第二次世界大战前夕。鉴于计划经济和独裁的社会形式向前发展,与会者想要探讨一种新的自由主义的社会形式。参会者中有雅克·吕夫、雷蒙·阿隆、迈克尔·波兰尼、路德维希·冯·米塞斯、弗里德里希·冯·哈耶克,以及德国经济学家亚历山大·吕斯托夫和威廉·洛卜克。

这场学术讨论会以沃尔特·李普曼的名字命名，他是20世纪美国最重要的一位新闻评论家。1937年，即上述讨论会召开前一年，他在《良好社会原则的探究》一书中试图复兴与凯恩斯主义和集体主义相对的自由主义思想。李普曼说，集体主义具有热衷军事的特点，自由主义爱好和平。李普曼认为国家只是充当"调和者"和"仲裁者"的角色，只是为了保证法律面前人人平等，所以必须避免参与财富形成和社会运行。

在"沃尔特·李普曼讨论会"上的讨论中，与会者达成一致，必须制定一种不同于如曼彻斯特自由主义所体现的纯粹自由放任主义的新自由主义。德国经济学家亚历山大·吕斯托夫提议将"新自由主义"作为新方法的名称。这一建议被采纳并且记录在会议记录中。然而，这一记录中就隐藏着关于这一概念深刻的意见分歧，分歧在会上的讨论中就已经产生，并且与会者分为两个阵营。其中一方赞同极端的市场自由和国家退出政策（哈耶克、米塞斯）；另一方认为国家是市场经济持久自由的保障，当社会的自由、公平和社会结构受到威胁时，政府就应该进行干预。哈耶克认为，福利国家是社会主义和资本主义的糟糕混合物。

哈耶克和吕斯托夫两人之间的分歧，阐明了此后新自由主义相互分离的两个方向。吕斯托夫后来想挽救由他创造的新自由主义这一概念，避免其成为一个负面的词；实际上，最近20年它真的成了一个骂人的词儿。因为人们将新自由主义与以哈耶克为中心的市场自由主义观点等同看待。吕斯托夫轻蔑地将哈耶克的自由主义称为"原始自由主义"，因为他与曼彻斯特自由主义之类陈旧的自由主义观点相近。吕斯托夫认为，哈耶克和米塞斯"永远是老旧的"。他主张建立一个高于社会利益集团的国家，并且国家只是确保经济在一个公平社会中实现美好生活。他认为，国家必须确保公平的效率竞争。尤其是市场机制未涉及的领域，国家必须监管。

弗里德里希·冯·哈耶克是米塞斯的学生，出生于一个富有市民阶级的医生家庭。1931年，他作为客座老师在伦敦政治经济学院讲学，接受了英国国籍，并且成为奥地利学派一位重要代表。哈耶克作为凯恩斯一位重要的反对者，独具风格；二者虽有观点分歧，但是这并未妨碍他们相互尊重。哈耶克预言，凯恩斯的廉价货币以及国家投资的思想将会导致通货膨胀和大规模失业。

在哈耶克看来，经济和社会处于永恒的学习过程。包含竞争的市场上的价格形成对于市场参与者来说是一种帮助，以适应经济进程，市场参与者永远无法完全掌握经济进程的背景。也就是说，市场价格是一种通信体系。哈耶克区分了两种秩序的概念，"内部秩序"和"外部秩序"，前者是一种自发的秩序，后者是在组织中特意安排的秩序。这也是他思想的基础，建立一个具有完全不同职能的两院制议会。哈耶克主张政府退出经济领域，并执行严格的权力分配，由此避免政党权力对民主的破坏。此外，他赞同一种不是基于国家垄断，而是相互竞争的多元货币体系。从社会角度讲，他提倡通过国家确保最低生存保障线，并且强调它随着社会财富的增加而提高。

1944年，哈耶克的《通往奴役之路》出版，并且成为畅销书。他在这本书中指出，纳粹不仅仅是对社会主义的反击，而且它的逻辑后果，即使不是特意为之，也将走向专制。他还认为，福利国家也是一种对自由的威胁。哈耶克主张市场经济，因为他坚信，市场自身比个人或专家懂得更新更多的知识。基于这种假设，他提出了将行动层面和规则层面在经济发展进程中分离的构想，这在他1960年的《自由宪章》一书中有所体现。1950年，哈耶克前往芝加哥，1962年去了弗赖堡。关于他的讨论和消息基本很少了,然而当他 1974 年获得诺贝尔经济学奖时,情况改变了。他的思想被再次发现,并且哈耶克逐渐被视为在美国总统罗纳德·里根和英国首相玛格丽特·撒切尔领导下向自由主义市场经济转变的提出者。撒切尔在一位左派政客的演讲中途从口袋中掏出哈耶克的《通往奴役之路》一书,将它摔在桌上,并且高呼:"我们相信的是这个!"这成了一个著名的时刻。

亚历山大·吕斯托夫出生于普鲁士一个军官家庭,其哲学博士论文的题目是《说谎者悖论》,从事过出版业,在帝国经济部工作过,并且做过协会的工作人员。他与瓦尔特·欧根和威廉·洛卜克接触并交流思想,开始与他们探讨自由主义的革新。1933 年,他不得不移民国外,流亡在土耳其,他在伊斯坦布尔大学任地理经济学和经济学史教授。吕斯托夫是提出在战后德国革新经济秩序思想的重要思想家,1949 年他返回德国,并且在 1950 年成为海德堡大学教授。吕斯托夫主张,在社会中为自由市场经济的自主机制的顺利运行创造条件。个人利益和公共利益相互作用,达成一致。因为在一个经济体中存在形成垄断和达成卡特尔协议的趋势,吕斯托夫要求国家建立有力的竞争管理局。

与吕斯托夫的自由主义不同,哈耶克、米塞斯以及当地的奥地利米塞斯主义者学派的自由主义接近美国部分极端自由主义,也体现安·兰德的无政府主义思想范畴,其中国家被视为对个体的压迫者。在这种关系下,还应提及美国经济学家和哲学家穆瑞·罗斯巴德的无政府资本主义以及激进的反国家自由精神。罗斯巴德捍卫人类享有个人财产的自然权利(由此,人类属于自身而不属于其他任何一个人,这也是为什么只有他自己可以决定他的身体和生活方式)。罗斯巴德说,只要是完全出于自愿,人类有权赌博、从事色情行业。他反对国家的约束,例如受教育义务和兵役义务。

英国经济学家莱昂内尔·查尔斯·罗宾斯也受到了路德维希·冯·米塞斯和奥地利边际效用学派的影响,是凯恩斯主义者在英国的新古典主义反对者。罗宾斯领导了伦敦政治经济学院的经济系多年,并招来哈耶克任教。在他 1932 年的《论经济科学的性质和意义》一书中,他用以下著名的定义抨击了标准经济学:"经济学是一门把人类行为作为目的,研究用途不同的稀缺资源之间的关系的科学。"

罗宾斯说,经济学不是描写不同类型的人类行为,而是其中一个特殊方面。罗宾斯通过这种方法将经济学指向两个方向,其中一个是经济学的方法论,它在方法上严格基于理性行为,并且这种方法论使得这一学科矛盾地几乎涉足人类行为的所有领域,只要人类在某一情境下进行理性行为。由此,罗宾斯做出了贡献,经济学的部分知识成为一种社会学,它最有力地将理性陈述与规范陈述以及评价区分开。因此,罗宾斯在经济学中还吸取了福利经济学领域的观点。经济学不应该继续被当作政治经济学研究,而应只从稀缺性的角度考虑。由此,经济学视角从整体的客观需求转移到个体需求。卡尔多和希克斯部分同意罗宾斯的观点:将规范陈述从经济学中剔除;但是不赞同他的另一个观点:人们没有评估社会问题的工具。

在芝加哥大学产生的"芝加哥学派"由于其内容多样化而分类广泛。这一学派的核心是支持市场力量的自由博弈,同时主张国家退出经济,此外,他还赞同将经济原则运用到所有生活领域的分析。它受到罗斯巴德、米塞斯和兰德自由主义思想的强烈影响。芝加哥学派在经济学中是诺贝尔奖获得者最多的流派,其他流派都不像芝加哥学派那样对经济学思想产生直接影响,并且它在 20 世纪下半叶也对现实经济政策产生了深刻影响。

局外人索尔斯坦·邦德、凡勃伦和约翰·莫里斯·克拉克已经在芝加哥大学任教，然而在二者之后才形成第一个学派，并且由此形成初代芝加哥学派，其中成员有弗兰克·奈特和雅各布·维纳。二者曾多年担任影响力巨大的《政治经济学杂志》的主编。

就像弗兰克·海纳曼·奈特反对数理方法那样，他也坚决反对凯恩斯主义和其他一切"主义"。他将经济学视为社会学的一种，认为人们不该将自然科学的方法强加在经济学上。他这种思想类似于奥地利学派。奈特在1921年出版的《风险、不确定性和利润》一书中划分了风险与不确定性之间的界限。风险是可以计算的，但不确定性无法计算。不确定性是企业获利的基础。吉拉德·德布鲁认为这本书先认识到了后来的"阿罗-德布鲁均衡模型"。尽管奈特强烈认同自由市场，但他也指出这会带来垄断和收入不平等的危害。

雅各布·维纳是罗马尼亚移民的儿子。他是人称"美国的阿尔弗雷德·马歇尔"的弗兰克·威廉·陶西格的学生，并且像奈特一样，他也是凯恩斯的早期反对者，维纳认为，凯恩斯的思想只是"短期适用"。但维纳同时也批判哈耶克和奥地利学派。他32岁时就当上了芝加哥大学正教授。他的学术兴趣广泛，不认为自己属于芝加哥学派，也不认为自己是货币主义者。

雅各布·马尔沙克是战后一代的芝加哥学派成员。马尔沙克研究概率论以及在充分了解信息的情况下的决策。他的主要成就是开创了"团队决策"理论，开始研究团队和个人在获取信息方面的作用，相关论文是《向一门组织与信息的经济学理论方向发展》，赫维奇后来继承发展了他的理论。

马尔沙克担任考尔斯经济研究委员会会长长达五年，后来由加林·库普曼继任。著名的考尔斯经济研究委员会，是1932年由经济学家阿尔弗雷德·考尔斯在科罗拉多州斯普林斯成立的研究所，其研究重点是用数学和数据分析经济问题。同年，考尔斯还创立了在经济学中极具影响力的期刊《计量经济学》。创刊第二年，考尔斯在其中发表了《股票市场预测师真的有预测能力吗？》一文，他在这篇文章中对数量众多的原始资料长达数年评估后认为，没有人能够准确预测股票行情。尽管如此，人们还是会听信所谓的"股票专家"，原因是他们内心希望有这么一个能预知未来的人。1938年，考尔斯设计了一种股票指数，它是后来的"标准普尔500指数"的基础。

1939年，考尔斯经济研究委员会迁往芝加哥，并入芝加哥大学。后来的多位诺贝尔奖获得者都曾在考尔斯经济研究委员会工作过，如：加林·库普曼、肯尼斯·阿罗、特里夫·哈维尔莫、吉拉德·德布鲁、希尔伯特·西蒙、詹姆斯·托宾、弗兰科·莫迪利安尼、哈里·马科维兹和劳伦斯·克莱因。在继马尔沙克后下一任会长库普曼的领导下，由于委员会在20世纪50年代与芝加哥大学关系愈发紧张，所以更名为"考尔斯基金会"，并入耶鲁大学。

后期芝加哥学派包括米尔顿·弗里德曼及其货币主义、加里·贝克尔及其将经济学研究对象扩大到研究人类行为、乔治·约瑟夫·斯蒂格勒及其价格理论，并且罗纳德·哈里·科斯及其新制度经济学也属于后期芝加哥学派。

米尔顿·弗里德曼在1962年工业国家推行凯恩斯主义政策的鼎盛时期，出版了仅200页的力作《资本主义与自由》。他逆潮流而行，主张取消国家对经济活动的影响。因为国家干预只会产生它声称要解决的所有问题：失业、经济下滑和通货膨胀。

弗里德曼通过货币主义推广了对凯恩斯主义的反对运动。美国经济学家克拉克·沃伯顿在"二战"后发表了批判凯恩斯主义的一些文章，他是弗里德曼货币主义的先驱。此外，沃伯顿还被视为新货币数量论的开创者和最早的货币主义者。

弗里德曼货币主义的核心是：调控经济发展趋势的是货币政策，因此，不应由国家调控经济，而是中央银行。弗里德曼用货币数量论证，当货币数量增加比经济增长快时，通货膨胀始终存在。在发展生产的同时必须控制货币总量。

弗里德曼认为，过于严格的货币政策是 1929 年的美国股市大崩盘的根源。通常货币总量每年增加 3%～5%。如果不在这个增长范围内，人们必须使市场自行发展。这样就实现了价格稳定，这是经济高速增长的前提。简而言之，考虑到萨伊定律的有效性，货币主义是对货币数量论的重新阐释和深化。除保罗·萨缪尔森外，弗里德曼也许是 20 世纪后半叶最具影响力的经济学家。他在经济理论极不相同的各个领域中做出了开拓性的贡献。1976 年，弗里德曼获得诺贝尔奖。

后来，罗伯特·约瑟夫·巴罗及其 1974 年影响广泛的论文《政府债券是净财富吗？》也对货币主义的胜利发展起到了辅助作用。他在这篇文章中说道，减税不会取得所期望的经济增长的效果，因为市场参与者会为更高的税收做准备。因此他们会将钱存起来，而不是用于消费。起初，巴罗更倾向于凯恩斯主义观点，然而之后转向我们接下来将深入探讨的新古典主义宏观经济学。

在经济学的工具理论方面，弗里德曼主张服务于经济学目的的工具，其中经济学的目的是，将研究成果投入实际运用。依托于哈耶克的最低收入的提议，他宣扬一种负所得税的思想。年收入低于特定值的人，必须从国家获得补贴，以达到一个固定的基本收入，这一基本收入是每个人生活的最低保障。这一想法显示了很大的福利因素。

然而，弗里德曼和哈耶克自身为他人创造了攻击自己思想方式的漏洞。因为在实际的政策实施中，出现了许多正是他们认为是次要的、为二者所指责的事实：二者对弱者的权利避而不谈，并为强者提供理论方面的论据，他们为了行使自己的权力，对弱者毫不顾忌，例如在保护消费者利益和抑制大企业权力方面。另一个受抨击的点是，弗里德曼和他的"芝加哥男孩"以及哈耶克在皮诺切特在智利的独裁统治中所起到的作用。他们在经济问题上为独裁统治提供了强有力的建议，淡化和弱化独裁统治的高压政策。

加里·斯坦利·贝克尔在公众中知名度不高，但在经济学界人人知晓；他也是20世纪后半叶一位具有深刻影响力的经济理论思想家。他研究人类行为和"人力资本"。他1964年出版的一部颇具影响力的著作也叫《人力资本理论》。我们在本书后文中还会详细探讨，贝克尔论证道：在"理性选择理论"的支撑下，对教育和健康的投资受到了理性经济选择的支配，因为这能提高生产率。雅各布·明塞尔通过创立"明塞尔工资收入方程"强化了上述思想，这一方程用教育和经验的函数解释了工资收入。

此外，贝克尔还思考了选择过程中内心的冲突。例如，当所期望的利润如此之高以至于要受惩罚，这时违反规定和法律也可以属于理性行为。另外，贝克尔的一次个人经历也为他的研究领域提供了想法：他去考试的路上延误了时间，因此他冒着收到罚单的风险违规停了车，因为错过考试代价更高。

贝克尔在他的经济研究中，几乎没有忽略人类做选择时所涉及的任何一个领域，例如一对夫妻想要多少孩子这类决定，并且他极大拓展了经济学中对人类行为的范围，然而他是经济人模型的追随者。从他对功利主义的利益计算的理解来看，这是可行的。因为贝克尔说，人类——即使是无意识的——最终在做决定时都会做"正反对比"：它可以是一个罪犯权衡抢劫还是不抢劫银行，也可以是人们决定与谁结婚、是否要打某个人等决定。因此，贝克尔还说道：犯罪分子不会因更高的刑法而放弃犯罪，而是更高的被捕率。1992年，贝克尔由于其贡献而获得诺贝尔奖。

乔治·约瑟夫·斯蒂格勒是弗兰克·奈特的学生，在他的著作中他解释了经常需要的商品的价格波动远低于很少需要的商品。他证明了，为什么耗时的信息获取是一个成本因素，并且由此影响了公共选择理论。1946年，他出版了极具影响力的《价格理论》一书。他提出了所谓的适者生存法。这一法则的出发点是，在存在竞争的市场上，如果其中一个市场参与者在某一时刻（即使处于偶然）找到了最优解决方案，就会迫使其他市场参与者接受这一方案。竞争就是通过这种方式筛选出最有效的解决方案的。

斯蒂格勒所谓的"适者生存"的方法最早由社会达尔文主义的先驱者赫伯特·斯宾塞创立，这一方法也被斯蒂格勒的反对者评价为：社会达尔文主义。通过他的模型和他收集并分析数据的实证研究方法，斯蒂格勒成为信息经济学的创始人。此处需要提及他1961年的《讯息经济学》一文，他在这篇文章中研究了市场搜索成本。他凭借自己关于企业结构、市场运行方式及国家调控效果和原因的著作，获得1982年的诺贝尔奖。

后期芝加哥学派基础代表除加里·贝克尔外还有理查德·波斯纳。他研究法律的经济分析。他最重要的著作是 1973 年的《法律的经济分析》以及 1976 年的《反托拉斯法》。波斯纳将经济效率作为判断一项活动是否合理的标准。这一想法背后的目的是提高富裕程度。他还认为，富裕程度的普遍提高是值得追求的目标。波斯纳认为，重新分配虽然重要，但过多的重新分配会削弱对个人的激励程度，并因此最终导致弱者更有可能遭受损失。

正如哈耶克和吕斯托夫二者间的争论所表明的，德语区的新自由主义试图创立一条处于自由放任主义与国家管控经济之间的中间道路。最终，奥尔多自由主义[1]体现了这一道路，它产生于由瓦尔特·欧根、弗朗茨·伯姆、列昂哈德·米柯施和汉斯·格罗斯曼-德尔特创立的弗赖堡学派。根据奥尔多自由主义者的想法，只要市场力量失灵，国家就应该为其顺利运行设定框架并且进行干预。然而，从本质上来说，要使市场恢复运行，最好的情况应是由市场力量本身自行恢复运行。尤其需要限制强大市场力量的竞争，即避免垄断和卡特尔的形成。

瓦尔特·欧根是这一理论方向最重要的人物，他的父亲是德国哲学家、诺贝尔文学奖获得者鲁道夫·欧根。他从 1925 年起在图宾根大学任教，之后任教于弗赖堡大学，并且在那里同好友弗朗茨·伯姆在 20 世纪 30 年代初创立了弗赖堡学派。欧根沿用了其老师海因里希·迪策尔的概念体系，并且创建了自己的所谓"奥尔多模式"，以展现不同的经济

---

1 又称为秩序自由主义思想，是西方经济学新自由主义学派在德国本土化的产物，是当时联邦德国事实上的国家经济学。其产生于 20 世纪 30 年代德国的弗赖堡学派，主张自由经济原则和国家有限干预原则，强调依靠法治与国家政权的力量来实现并保障市场的完全竞争，它在实践中渐次吸收融合了当时其他新自由主义的经济理论并逐渐成形，是一种综合理论。

类型。他将不同的经济类型称为中央集中管理型经济（计划经济）和交换经济（自由市场经济）。

决策方式是欧根区分上述两种经济体系的核心，他在 1940 年的《国民经济学基础》一书中对此做出了阐述。在他去世后于 1952 年出版的《经济政策原理》一书中主张在经济政策中思考经济秩序，而不是经济干预。他想使国家行为专注市场经济的运行规则，而不干预市场运行。这种区分和核心目的是，划清国家和市场的权力界限。路德维希·艾哈德[1]的著名表述也体现了这一理念："既然裁判员不参加比赛，那么政府也不必参与其中。"

欧根也许是 20 世纪后半叶在德国最具影响力的经济学家，部分原因是路德维希·艾哈德和卡尔·席勒将欧根的理念转化为实际的经济政策实施。尽管如此，但是欧根的许多提议没有得到实施，或只是被半心半意地实施。因此，他要求一个范围更广的反对卡特尔和垄断的立法。他也主张一种使私人银行无法影响货币总量的银行体系。

法学家弗朗茨·伯姆是欧根的同盟者，他与汉斯·格罗斯曼·德尔特一起制定了弗赖堡学派的法律理论框架。伯姆提出了"私法社会"概念，并强调卡特尔法、合同法和责任法（又称担保法）的重要性。列昂哈德·米柯施也在弗赖堡大学任教，他是路德维希·艾哈德的咨询顾问，跟这位德国"社会市场经济之父"关系密切。值得强调的是他 1937 年的早期奥尔多自由主义思想著作《竞争即任务》，他在书中遵从的指导思想是将"自由中的秩序"作为经济的前提，这种自由的经济不会受

---

[1] 1949—1963 年任联邦德国经济部长，1963—1966 年任德国总理，享有"德国经济奇迹缔造者"的美誉。

到自身自由性的干扰或破坏。米柯施通过这部著作影响了后来的《反对限制竞争法》。

除弗赖堡学派的旗手及其秩序自由主义思想体系外,阿尔弗雷德·米勒·阿尔马克同上文介绍的亚历山大·吕斯托夫以及威廉·洛卜克都属于"二战"后联邦德国采用的社会市场经济体系的"创始人"。阿尔弗雷德·米勒·阿尔马克首先提出了"社会市场经济"这一概念。他在明斯特大学任教,后执教于科隆大学,并且与弗赖堡学派交流密切。他在20世纪50年代是路德维希·艾哈德的下属,两人关系密切,米勒·阿尔马克在联邦经济部担任国务秘书(副部长),并且由此在大范围内将他的模式付诸实施。此外,他积极参与了欧盟前身欧洲经济共同体的创立和组建。

米勒·阿尔马克起初主要研究经济发展趋势,在他的经济繁荣政策中他主张严格维持货币价值稳定。在他数量众多的出版著作中,1947年出版的《经济调控和市场经济》是最重要的一部著作,因为它是米勒·阿尔马克社会市场经济理念的核心纲领性著作。这部著作的理论基础既不是亚当·斯密提出的市场力量"看不见的手",也不是斯密提出的主要是个体的自利行为为社会财富做了充分贡献的观点。米勒·阿尔马克还认为,斯密关于人类同理心的想法不足以实现一个公正的社会。

根据米勒·阿尔马克的主张,社会市场经济是将人放在第一位——经济为人服务,而不是人为经济服务。由此,国家的任务应该是:制定并维护有效的竞争秩序。国家在制定秩序时,不该扰乱市场行为,而只提供框架条件。

威廉·洛卜克在纳粹时期逃亡国外,他与路德维希·艾哈德是密友,并且与米勒·阿尔马克和瓦尔特·欧根都属于社会市场经济理论的重要开拓者。与欧根相同,他也重视国家、社会和经济之间的相互影响,认为自由竞争能够成为秩序工具。洛卜克提倡,在经济观测中应更多地将较小企业置于中心地位。他强烈反对建立欧洲经济共同体,因为在他看来,欧共体仅仅意味着新的封锁和垄断。

1937年的《经济学说》是洛卜克的一部主要著作,他在这本书中阐述了经济思想的主导方针。洛卜克试图最好地平衡经济行为和社会行为之间偶尔相互冲突的要求。他强调个人自由,同时警示要注意以下情形:过度强调的个人主义会对自由社会带来威胁,缺乏经济专业知识的道德,为了追逐利益而罔顾道德。

还需要提及与社会市场经济有关的两位思想家:对经济景气理论有很大贡献的埃里希·普莱瑟和赫尔伯特·吉尔士。后者是联邦德国影响最深远的经济学家之一,他是德国经济学家奥古斯特·勒施的学生,继埃里希·施耐德任基尔大学法律与经济科学学院政治经济学系的主任,之后还在基尔担任过世界经济研究所的所长。他起初赞同卡尔·席勒的控制经济发展趋势的协调方法,但后来作为社会市场经济的坚定代表者,日益主张市场自由主义观点,反对赤字支出理念。他于1960年和1977年出版的两卷本教科书《普通经济政策》成为典范著作。

如果大家现在认为,与德语区不同,英语区不考虑一个自由社会中的公平问题,那我们接下来就必须介绍一下美国哲学家约翰·罗尔斯及其自由主义政治哲学。罗尔斯虽然不是经济学家,但他的思想经常被引用,用于论证市场经济体系中的国家结构的框架设计。他1971年出版的《正义论》一书中塑造了他著作的核心,时至今日它仍是里程碑式著作,并且很多人认为罗尔斯是20世纪在政治哲学领域最重要的思想家之一。罗尔斯认为，一个现代政治哲学不仅仅局限于研究社会群体生活中的问题和规则，而是对商品的分配和不公平的社会前提的讨论也是政治哲学的任务。

罗尔斯的思考始于对"最大多数人的最大幸福"这一说法的批判。正是主张并且促进为绝大多数人带来最多利益的想法，有可能导致损害某个人或少数人的权利。因此，罗尔斯在《正义论》一书中试图推出一个能更好地考虑人类整体正义感的方案。其中，罗尔斯主要基于伊曼努尔·康德的思想，康德的绝对命令贯穿了罗尔斯的著作（"要这样行动，使得你意志的准则任何时候都能同时被看作是一个普遍立法的原则"）。

罗尔斯的公正社会理论核心原则是，它要求每位社会成员都能参与决策，即使他还不了解自身的社会地位。重要的是，每个人都同样享有最大限度的自由、权利和机会。导致社会不公的措施，只有在最终能够帮助弱势群体提高地位时才是公平的。在这方面，罗尔斯的观念是一种自由的观念，改善弱者的处境是中心任务之一。

新自由主义早期分裂为两大阵营：一个是社会的、有序的自由主义，另一种是"去监管化"的市场自由主义，在20世纪后半叶开始向前发展。最终，英国的去监管化市场自由主义占据上风，并且21世纪初继续被定义为新自由主义。20世纪70年代多个国家经济发展停滞，增长速率降低，通货膨胀上升，这时市场自由主义经历了一场复兴。这是凯恩斯主义基本上已经排除的影响。

市场自由主义，尤其是货币主义形式的市场自由主义，起始于自20世纪70年代末80年代初的英国首相撒切尔夫人（"撒切尔主义"）和美国总统里根实行的去监管化经济措施。统一后的德国，虽然原则上坚持社会市场经济体制，却失去了一些简洁性。欧洲其余的福利国家在全球化压力下也开始实行私有化，大幅改革福利体系，在这种背景下，这些国家也出现了去监管化的新自由主义。

由罗纳德·里根引入的经济政策"里根经济学"的理论来源除哈耶克和芝加哥学派外，还有经济学家阿瑟·贝茨·拉弗。拉弗以其提出的"拉弗曲线"而著名，他是在与尼克松内阁代表在华盛顿的一家餐馆中共进晚餐时首次提出这一曲线，并将它画在一张餐巾纸上。"拉弗曲线"呈倒"U"字形，它描绘的情形是：当税率是零时，税收也是零；但当税率是 100% 时，税收同样是零，因为这样的话，所有的人都失去了工作的动力。这两个极限值的中间是一个能为国家带来最高税收的税率。"拉弗曲线"是罗纳德·里根从 1980 年开始担任美国总统期间所推行的供给侧经济政策的一个理论基石。

除拉弗之外，加拿大经济学家罗伯特·蒙代尔也是所谓"里根经济学"的思想先驱。1963 年，蒙代尔发表了《固定和弹性汇率下的资本流动和稳定政策》。在这篇文章中，英国经济学家马库斯·弗莱明介绍了后来的"蒙代尔－弗莱明模型"，在模型中分析了一个小国经济及其与别国的贸易往来和资本流动。蒙代尔得出的结论是，货币政策独立性、固定汇率制和资本自由流动这三个目标，最多只能同时达到其中的两个，由此他推断以需求为导向的经济政策是不起作用的，因为这种政策妨碍了中央银行的政策。这就是"蒙代尔－弗莱明三角"。他还建议进行贸易的国家实行相同的货币政策，因为这种政策稳定地平衡货币区的物价。

他的想法（尤其是他的"最优货币区理论"）使他成为欧元理念的创始人之一。在对经济冲击反应相同的同质经济区域内，他建议使用相同的货币。蒙代尔认为，其前提是一个共同的劳动市场、一种能将货币从一个国家转移到另一个国家的税收体系、资本的自由流动以及多样化的经济结构。

蒙代尔在全球化的进程中也为金融市场自由化创造了理论基础。他由于"对不同汇率体制下的货币和财政政策以及最优货币区域的分析"而获得了1999年的诺贝尔经济学奖。

18 企业、工作与个人发展

熊彼特和诺贝尔的故事

增长是一个创造性的破坏过程。

——约瑟夫·熊彼特

我没受过经济学教育,我真的烦它。

——阿尔弗雷德·诺贝尔

通过新古典主义和凯恩斯主义彼此之间的辩论,这些引人注目的重大讨论使得整体经济和宏观经济引起了更加广泛的关注。但是,我们不该忘记,就在19世纪末20世纪初,微观经济思想在商业管理领域也得到了显著发展。

随着工业化的发展,工厂系统也成为理论的研究领域。巴贝奇、乌尔和库赛莱-塞纽尔创了该领域的先河。随着技术的进步,机械工程的创新,铁路、电力、化学工业的兴起,大规模生产的扩大以及分工的新变化,特别是亨利·福特有效改进了流水线生产的发明,公司的运作流程越来越频繁地成为理论研究对象。

由此,对企业和企业家的角色的理论分析开始发展,从补充性的微观经济学分析发展成了企业管理分析。它涵盖了伟大的思想家熊彼特的综合观点，企业家是他理论中的核心和关键，后来发展成了经济理论与景气理论新研究领域，其中还包括国民经济核算账户和随机理论这两种新的研究工具，直至尝试将新古典主义和凯恩斯主义不连贯的结尾加以结合。

在企业管理思想理论方面，它是通过法国的亨利·法约尔和美国的弗雷德里克·温斯洛·泰勒的工作在 20 世纪初发展起来的。法约尔起草了领导力原则和组织原则，并在其 1911 年《科学管理原理》一书中特别阐述了这些原则。法约尔和泰勒在其所谓的科学管理（也称为泰勒主义）的背景下采取的机制是机械的，并将人视为功能单元，是生产过程中的齿轮，可以对其进行合理的查看和优化。荒木一郎等日本生产规划师采用了它的元素。在美国，弗兰克·邦克·吉尔布雷斯最初崇拜泰勒的著述，但后来与妻子莉莲·穆勒·吉尔布雷斯转向了更加人性化的方法。

在苏联，泰勒主义在引入计划经济时被列奥·托洛茨基和列宁接受，并最终在斯达汉诺夫运动中被歪曲（据工人阿历克塞·斯达汉诺夫说，他在 1935 年的一次轮班中超过了当天计划的 14 倍）。在西方，泰勒的方法被用以实现严苛的工作效率，却与工资或休闲时间的增加无关。但这是对泰勒实际用意的曲解，他的本意是想给工人一个选择，要么赚更多钱，要么有更多的空闲时间。

在经济思想，特别是在资本主义经济动态的理论讨论中，约瑟夫·熊彼特无疑是该主题最有趣和鼓舞人心的思想家之一。约瑟夫·阿洛伊斯·熊彼特的父亲是摩拉维亚布料制造商，他与弗里德里希·维塞尔以及欧根·冯·庞巴维克一起学习，他的人生目标有三个："维也纳理想情人、奥地利最佳骑手和最伟大的经济学家。"很遗憾，他自己也承认，只实现了其中两个，因为他"继承了一副糟糕的马鞍"。

"创新理论"的鼻祖、20世纪最伟大的经济学家之一熊彼特

许多人认为,熊彼特是与凯恩斯齐名的 20 世纪最重要的经济学家。早在 1908 年,年仅 25 岁的他,就以一部《理论经济学的本质与主要内容》引起轰动。这本书回应了门格尔和施穆勒之间的方法争论。熊彼特只想把经济学变成像自然科学一样精确的科学,因此他主张用杰文斯、瓦尔拉斯的数学方法作为经济决策的分析工具。但他承认历史方法也很重要,他创造了"个人主义方法论"的概念,并剔除了心理学。他认为,经济学家应该仅仅围绕着目标的实现。他呼吁抛弃"心理学的负担",这对经济学产生了重要影响,也影响了 20 世纪的经济学授课方法。

1912 年,熊彼特的著作《经济发展理论》问世,这对现代经济周期与增长理论产生了开创性影响。在这本书中，年仅 28 岁的马克思支持者熊彼特阐释了资本主义的动态。然而，与马克思不同，熊彼特没有从历史角度分析人类社会的发展，而是强调企业家活跃的创造力，他们不仅仅是被利润驱动的。因此，熊彼特明确地区分了资本家和企业家。

充满活力的企业家或先锋企业家，最终一次次地破旧立新，通过不断变化的生产方法实现创新。增长是一个"创造性破坏"过程，这大概就是熊彼特最著名的观点了。在他看来，资本主义制度永远不会处于平衡状态，相反，一旦实现平衡，资本主义就完蛋了。通过创新，企业家将获得垄断利润，进而召集模仿者参与其中，并找到新的组合。从这种创新与模仿的相互作用中，就产生了经济周期。

英国经济学家马克·卡森后来在 1982 年出版了他的著作《经济学方法下的企业家理论》，在这本书中他将自己的理论与熊彼特的联系在一起，为企业家理论做出了重要贡献。卡森将企业家定义为专门从事稀缺资源决策的人，并呼吁将企业家的投机活动的意义更紧密地纳入理论之中。

作为一个人，熊彼特是矛盾的，在政治上也是如此。作为奥地利财政部长，他不得不在九个月后辞职；作为一家银行的总裁，他使其破产。凯恩斯的作品使他陷入危机。他自己的货币理论想要出版时，正巧碰上凯恩斯在 1930 年出版他的《货币论》，所以直到熊彼特去世后，这本书才得以面世。

熊彼特在其 1939 年的两卷著作《经济周期：资本主义过程的理论、历史和统计分析》中将充满活力的企业家融入了对经济波动的解释中。有活力的企业家要么会对经济产生集中影响，要么根本不产生影响，这说明了经济发展的剧烈波动。

熊彼特确定了三种经济周期，并将每一个周期都与经济思想家的工作成果联系在一起。通过他的努力，这些周期成为经济学中持续受到讨论的领域。其中一个叫朱格拉周期，以法国人克莱门特·朱格拉的名字命名。朱格拉在1862年出版的《论德、英、美三国经济危机及其发展周期》一书中分析了19世纪上半叶美、英、法经济波动的四个阶段：扩张、危机、萧条和复苏。这四个阶段以7~11年为一个周期反复出现。朱格拉解释说，扩张结束时，高额信贷需求导致利率上升，最终导致投机和投资崩溃。熊彼特将1923年英国统计学家约瑟夫·基钦提出的运行时间较短的另一个周期称为基钦周期，这一周期持续三年多一点。

最著名的是长期运行的康德拉季耶夫周期，根据俄罗斯经济学家尼古拉·康德拉季耶夫的说法，它的持续时间为47~60年。康德拉季耶夫继续深化了马克思和罗伯特斯对景气周期的研究，这两人将景气周期的持续时间确定为7~11年。康德拉季耶夫在寻找更长的周期。他发现了持续数十年的周期。在他1925年发表的文章《经济生活中的长波》中，他成功地证明了著名的"康德拉季耶夫波"。根据这一理论，波长为45~60年的经济增长和福利周期，与类似时长的经济衰退和停滞周期交替出现。

康德拉季耶夫认为他所发现的"长波"引起了社会变革和创新。他确定的"第一次康德拉季耶夫长波"发生在18世纪80年代和第一次工业革命期间，这期间出现了工厂，尤其是蒸汽机的使用。经济低迷后，"第二次康德拉季耶夫长波"大约在19世纪40年代中期开始，主要是由新兴的铁路引发的。第三次"康德拉季耶夫长波"以化学、电气工程和重型工程的引入为起点，并以1914—1920年的低迷期告终。当经济低迷的最高潮"大萧条"在1930年初到来时，康德拉季耶夫的论点似乎终于被证实。

在多年的监禁生活之后,康德拉季耶夫最终被处决。在他去世后的1940年,与康德拉季耶夫的理论相对应,人们确定了第四次"康德拉季耶夫长波"的开始,这是由自动化程度的提高,作为大众运输工具的汽车的发展以及石油的工业利用所触发的。今天,据说世界正处于"第五个康德拉季耶夫长波"中,其特点是信息科技和信息经济。

总体而言,经济理论不断扩展用于规划和定量测量的工具箱,特别是用于增长的工具箱。通过统计学家和随机变量学家的工作,关于价格发展、经济波动预测、分配衡量和经济生产率的研究应运而生。

早在1871年,德国经济学家和统计学家埃蒂埃内·拉斯佩雷斯就提出了一个指数,该指数借助固定的商品组合来推算出每年的纯价格变动。在这种方式中,通货膨胀是通过比较年份来确定的。拉斯佩雷斯指数和赫尔曼·帕什创建的价格指数一样被载入了史册。与拉氏指数不同,帕氏指数不仅衡量固定商品组合在不同时间段内的价格变化,而且考虑了该商品组合本身的变化,由于帕什指数的确定非常复杂,因此很少用于计算官方统计数据。美国的欧文·费雪也创建了一个价格指数。

拉尔夫·尼尔森·埃利奥特是美国外交部的一名雇员,他开发了基于斐波那契数的埃利奥特波理论,用于预测金融市场的发展,还在其中考虑了心理因素的影响。

美国统计学家和经济学家马克斯·奥托·洛伦兹于1905年发明了洛伦兹曲线。收入和人口分别在纵轴和横轴上显示为0~100%。收入分配完全均等时,显示的是一条直线,它从原点位置出发,沿收入轴和人口数量轴之间等距上升。在收入完全平等分配的"理想线"下,实际曲线越弯,不平等分配就越明显。

意大利人科拉多·基尼在 1912 年提出了基尼系数，该系数在数学上与洛伦兹曲线有关。基尼系数的 0 值表示绝对的均匀分布，1 则表示只有一个人获得全部收入或资产。

国民收入和生产核算由韦斯利·克莱尔·米切尔的学生西蒙·库兹涅茨继续进行。而在英国，科林·格兰特·克拉克已经在 1932 年凭借《1924—1931 年的国民收入》做出了自己的贡献。库兹涅茨于 1971 年因在该领域的贡献而获得了诺贝尔经济学奖。尽管他不是凯恩斯主义者，但他的工作很受他们的欢迎。稍后我们将再次讲到西蒙·库兹涅茨。

在法国，经济学家让·福拉斯蒂埃在其 1949 年的主要著作《20 世纪的大希望》中，提出了一个国家经济发展的三阶段模型。他将经济分为农业、工业和服务业。该分法分别于 1939 年、1940 年由新西兰人艾伦·乔治·巴纳德·费希尔、澳大利亚人科林·格兰特·克拉克提出过。对于福拉斯蒂埃而言，一国的经济发展就是其中某一相应主导产业的变化。首先是农业，然后是工业，最后是服务业。

荷兰人简·丁伯根在计量经济学方面和经济政策理论方面做出了重大贡献，是商业周期理论的统计测试的创始人之一。最重要的是，他使经济学的理论模型成为可验证的。1939 年，他出版了《商业循环理论的统计检验》一书。在本书的第二卷中，他提出了美国的第一个计量经济模型：通过 48 个方程，丁伯根指出了该国在 1919—1932 年经济周期中的规律运动。丁伯根的支持者认为可以预见经济波动，批评者认为这些模型太简单了，尤其经济过程不是通过数学方程就可以概括的。这就是著名的丁伯根法则，根据该法则，每个经济政策目标都可以使用适当的经济政策工具。丁伯根于 1956 年撰写的《经济政策》一书中，讨论了各种类型的计量经济模型，并主张始终以整体的方式看待它们，这本书成为标准著作。

丁伯根与挪威人拉格纳·弗里希一起成为首届诺贝尔经济学奖获得者。该奖项并非阿尔弗雷德·诺贝尔曾经捐赠的奖项之一。首届诺贝尔经济学奖于1968年由瑞典帝国银行设立，以纪念阿尔弗雷德·诺贝尔，并于1969年首次颁奖。诺贝尔甚至没有意识到经济学，因为它与化学、物理、医学、文学和和平不属于一个类别，他认为经济太不稳定、不精确，因此不能与其他学科相提并论。在2001年公布的一封信中，他甚至承认："我没有受过经济学教育并且发自内心地讨厌他们。"

拉格纳·弗里希1969年与丁伯根共同获得了首次颁发的诺贝尔经济学奖，他是计量经济学和统计学方法领域的另一个先驱，尤其重要的贡献是时间序列分析和线性回归分析。正是他创造了"经济计量学"和"宏观经济学"这两个术语。在他看来，垄断和完全竞争的市场形式只是理论上的两个极端。

弗里希的学生是挪威的特里夫·哈维尔莫。1989年，哈维尔莫凭借在阐明概率论作为经济计量学的基础以及对联立经济结构分析方面的贡献获得了诺贝尔经济学奖。他提出了著名的哈维尔莫定理，据此定理，增加由税收支撑的国家支出会带来经济繁荣。家庭通过减少消费来弥补更高的税收，但也会减少储蓄来用于消费。因此，在高税下收入减少1欧元并不会导致消费减少1欧元。但是在国家层面上，税收增加1欧元会导致支出增加1欧元。乘数原则会导致总支出增加和产出增加，即经济繁荣。

美国人劳伦斯·罗伯特·克莱因被认为是现代经济周期研究的创始人之一。他试图改善经济预测，以便于使得凯恩斯的反周期全球控制理论可以与经济政策实践工具相对应。1947年，他以《凯恩斯革命》

一书而闻名。在麦卡锡主义盛行的时代，由于他在20世纪40年代是美国共产党党员而不能评上教授。1954年，他去了英国牛津大学。1955年，他根据简·丁伯根的作品开发了克莱因-戈德伯格模型。克莱因使用数学模型和方程式重新创建了业务流程，并成功地进行了预测。在不断发展的数据处理技术的帮助下，他开发了政府从他那里收取高额费用的模型。1980年，他获得了诺贝尔奖。但是，他创建的所谓克莱因模型逐渐失去了重要性，因为它们太复杂了，其他更简单的模型也更易于管理。尽管如此，中央银行有时还是使用克莱因模型来反查其决策。

受熊彼特的影响，美国作家罗伯特·默顿·索洛在瓦西里·莱昂蒂夫的指导下完成了博士论文，他发现了推动思想和创新发展的真正动力。由于他的方法，许多人将他视为现代新古典增长理论之父。索洛在1956年的论文《对增长理论的贡献》中用他自己创立的增长理论以及其中的核心部分"索洛模型"，证明了技术进步对经济增长的贡献很大。

索洛的模型也是对哈罗德-多马模型理论的批判性回应，哈罗德-多马模型主要从资本和收入方面着眼于长期增长，并以固定的要素比例进行运作。索洛用可变因子比例代替了固定的比例，并针对哈罗德-多马模型的凯恩斯主义方法新创了强调技术创新影响的、乐观的技术方法。哈罗德-多马模型导致可能不稳定的增长，索洛模型导致稳定、可能无限的增长。

哈罗德和多马排除了劳动的影响。索洛则在使用劳动力、资本和技术的背景下解释了增长。索洛模型还适用于外部储蓄决策。索洛模型也不同于拉姆齐-卡斯-库普曼模型。拉姆齐-卡斯-库普曼模型是具有内生性储蓄决策的新古典增长模型，它的理论基础是弗兰克·普兰顿·拉姆齐写于 1928 年的论文《一个关于储蓄的数学理论》，大卫·卡斯和加林·库普曼在 1965 年对该理论进行了拓展。

由于特雷弗·温彻斯特·斯旺对索洛模型也有贡献，它也被称为索洛-斯旺模型。索洛得出的结论是，只有永久性的技术进步，才能保证长期增长。这是在否决经济复苏计划，转而建议促进创新和研究。索洛在他的论文发表一年后，他就以美国为范例找到了实证性的根据。美国在 20 世纪上半叶的经济增长主要归功于技术进步，劳动力和资本仅做了相对较小的贡献。1987 年，索洛获得了诺贝尔奖。

美国人保罗·罗默在罗默模型中进一步发展了索洛的方法，他在其中整合了教育政策和国家监管框架，并将放弃消费确定为对进步的投资以及经济增长的主要组成部分。这显示了"新"增长理论的方法，即所谓的内生增长理论，它是新古典主义增长理论的替代方案。同样是在 20 世纪 70 年代末期，出于对新古典主义增长理论的批评，美国人艾伦·奥尔巴赫和劳伦斯·科特里科夫提出了奥尔巴赫-科特里科夫模型（也称为 AK 模型），1992 年葡萄牙经济学家塞里奥·雷贝洛提出了与 AK 模型密切相关的雷贝洛模型。

区位理论对于分析公司决策很重要，但在 20 世纪上半叶这仍然是德国的研究领地。在 19 世纪杜能和劳恩哈特的贡献之后，马克斯·韦伯的弟弟阿尔弗雷德·韦伯于 1909 年撰写了《工业区位论》一书，提出了韦伯区位模型，通过分析劳动力成本、运输成本和集聚导向因素来确定公司的最佳位置，为公司决策提出了新方法。

1940 年，奥古斯特·勒施以《经济空间秩序》一书为区位理论做出了新的贡献，该书的副标题为"关于地点、经济区域和国际贸易的研究"。在勒施把空间分析作为经济因素考察时,他借鉴了阿尔弗雷德·韦伯的理论,并进一步发展了杜能的观点。在此他考虑了经济波动和人口流动的因素。

演化经济学的新研究领域出现在20世纪80年代,它借鉴了熊彼特的企业家理论、哈耶克将竞争作为发现过程的方法以及罗纳德·科斯的《企业的本质》。这涉及对经济变化的分析以及知识在其中扮演的角色。演化经济学还借鉴了阿门·阿尔奇安的公司适应其环境的思想。

伊迪丝·彭罗斯的资源理论方法也具有影响力。她将企业理解为物质和非物质资源系统,这些系统在每个企业中以不同的方式分布和组合。管理层的任务是优化这些资源的使用。比较有名的是"彭罗斯效应":随着时间的推移,管理层的能力也存在波动。这也是一种波动的资源,并且得到了经验证实——公司的增长正是如此。彭罗斯的主要作品是1959年的《企业成长理论》。

德国社会学家和经济学家阿尔伯特·奥托·赫希曼也为进化经济学和制度经济学做出了有趣的贡献。他在1945年的《国家权力与世界贸易的结构》一书中研究了国家对外贸易的工具化。他在1970年出版的《叛离、抗议与忠诚》中致力于分析出于政治动机的移民对经济和政治的影响。在1977年出版的《欲望与利益》中,他认为自利是资本主义精神和道德的基础。在18世纪末,启蒙运动剧烈发展,自利这一理性秩序的准则被提出,与出于激情行事的方式相对立。

赫希曼与冈纳·缪尔达尔一起被认为是具有高度差异性的极化理论领域中区域经济发展极化理论的创始人。与新古典理论不同,极化理论不适用于动态或静态均衡模型,而是假设经济的发展和演化是在特定时刻或通过企业或行业(部门两极分化理论)或通过某些地区(区域两极分化理论），借助于区位优势而产生的。

下面这一位可以在多面性和重要性上与熊彼特进行比较，那就是保罗·安东尼·萨缪尔森，他说自己是"经济学界最后一位兴趣广泛的人"。萨缪尔森天赋过人，16岁开始读大学，就像他的朋友米尔顿·弗里德曼一样在芝加哥学习，后来在哈佛获得博士学位，并在那里师从汉森。熊彼特和莱昂蒂夫指导了他的博士论文。

1941年，萨缪尔森与沃尔夫冈·弗里德里希·斯托尔珀一起提出了斯托尔珀-萨缪尔森定理，该定理与赫克歇尔-奥林定理有关，用于解释对外贸易中的收入分配效应。1947年，也就是他成为波士顿麻省理工学院正教授的那一年，萨缪尔森的《经济分析基础》一书出版，被认为是现代数学经济学的里程碑之作。第二年，他出版了《经济学：介绍性分析》，这本书成为最畅销的教科书，后来一直不停地更新再版。由此他普及并扩展了凯恩斯的理论。

最后，萨缪尔森是新古典综合学派的关键人物，试图将凯恩斯的教义与新古典主义的教义相协调。萨缪尔森代表了一种适应变化的经济理论，他既不赞同弗里德曼的自由主义和货币主义，也不赞同凯恩斯主义。他尤其对凯恩斯纯粹学说的追随者表示怀疑，所以他经常修改和批评凯恩斯主义的模型。萨缪尔森倡导将经济学视为一门精确的科学，反对对经济学的抨击。他认为问题出在政治上。

众多经济学模型都是以萨缪尔森命名的。在埃利·赫克歇尔、贝蒂尔·奥林和阿巴·普塔契亚·勒纳的基础上，形成了勒纳-萨缪尔森定理，根据该定理，两国之间的贸易可导致劳动力和资本要素价格的调整。另一方面，巴拉萨-萨缪尔森效应指出，发达国家的货币往往被低估。巴拉萨效应，是出生于匈牙利、后来成为美国人的贝拉·巴拉萨所发现的：在经济发展过程中，它们必须接受比工业化国家更高的通货膨胀率。萨缪尔森曾经为艾森豪威尔和肯尼迪提供政策咨询。1970年他获得了诺贝尔经济学奖，颁奖词写道："在他的科学作品中，他进一步发展了静态和动态的经济理论，并提高了经济学的分析水平。"

2004年，萨缪尔森90岁时，在《李嘉图和穆勒会如何驳斥或确认当今主流经济学家所支持的全球化》一文中证明自由贸易也是有害的，引起一时轰动。最重要的是，他证明经济学中的定理，至少可以被部分反驳。自然，这也会产生一些影响。因为如果一个定理不能普遍适用，或在某些情况下可以被推倒，那它首先就是不可靠的：经济学是一门严格遵循数学逻辑的学科，能全面解释其研究对象。批判绝不会使逻辑和数学的经济学过时或受到质疑，而是要求它检验它所基于的假设的实际性。此外，它还重新审视了社会科学的各个方面以及对所考虑对象的影响。

在20世纪，经济理论的许多方法是基于凯恩斯形成的，同时反对他的理论也正在形成。尤其重要的是新西兰人奥尔本·豪斯戈·菲利普斯。1958年，他在论文《1861—1957年英国失业率和货币工资变化率之间的关系》中提出了著名的"菲利普斯曲线"。根据欧文·费雪在1926年的一篇论文中已经描述过的观察结果，他在分析了失业率和工资的发展之后，得出了工资随着失业率下降而增加的结论。相反，工资下降与失业率上升密不可分。罗伯特·索洛和保罗·萨缪尔森拓展了修正后的"菲利普斯曲线"，用通货膨胀率代替了工资增长率，最终变成20世纪60年代和70年代的主要经济政策工具。顺便说一句，费舍尔对工资增长率和失业率之间关系的研究在经济学上并不陌生。

约翰·劳和戴维·休姆以及后来的简·丁伯根和劳伦斯·克莱因也进行过这一研究。

但实际上，高通胀与高失业率往往相伴相生。1968年，埃德蒙·菲尔普斯在《货币、工资动态与劳动力市场均衡》一文中反驳了菲利普斯曲线，并支持以米尔顿·弗里德曼为首的反向运动。菲尔普斯继续索洛在增长理论方面的工作，他认为失业与通货膨胀无关。企业家和消费者根据未来的预期通货膨胀率进行调整，这就是菲利普斯描述的关系仅在短期内适用的原因。根据他的研究，菲尔普斯强调以供应为导向的经济政策的原则以及货币中立的原则，根据这一原则，从长远来看，名义上的经济规模对实际规模没有影响。凯恩斯主义理论的支柱动摇了。19世纪70年代全球出现的滞胀现象（与通货膨胀有关的一种经济停滞）驳倒了菲利普斯曲线。

菲尔普斯1961年的文章《资本积累的黄金法则》已经引起了人们的注意。他指出，在利率等于增长率的情况下，将会达到最优储蓄率。当所有工资都被消费并且所有利息收入都被储存时，这种情况就会发生。因此，人均产出不应最大化，而应最大化人均消费。这种认识作为"积累的黄金法则"被纳入增长理论中。2006年，菲尔普斯因其"宏观经济政策跨期权衡分析"而获得诺贝尔奖。

俄裔美籍经济学家瓦西里·列昂惕夫在哈佛任教多年。他研究出了投入产出分析方法，受到了弗朗索瓦·魁奈的经济周期思想的启发。大卫·李嘉图、里昂·瓦尔拉斯和卡尔·马克思先前就已经再次选择了这些方法，但只有列昂惕夫使用矩阵表成功地将经济周期转换为实用模型。现在就可以对一个经济体的生产部门之间相对于投入和产出的关系进行描述了。1953年，通过对美国对外贸易的实证研究，列昂惕夫让人们关注到了赫克歇尔-奥林定理的各种矛盾。根据这个定理，富裕的美国本应出口资本密集型产品，但是，正如列昂惕夫所确定的那样，美国出口的劳动密集型产品比进口多。他的观点作为列昂惕夫悖论被记入经济科学领域。1973年，列昂惕夫因"投入产出分析的发展及其在重要经济问题中的应用"而获得诺贝尔经济学奖。

19 经济学家眼中的社会问题

经济史、社会学与发展理论

人们在他们的商品中重新发现自己,他们在他们的汽车、他们的高保真接收器中找到了自己的灵魂。

——马尔库塞

随着发达方的快速增长,发展中的一方将迅速增长;发达方变弱的话,发展中的一方也会变弱。

——阿瑟·刘易斯

经济学一直是对纯粹经济问题的思考,经济决策则涉及人类需求、情感、态度和价值观的许多方面。然而,在新古典主义以及随后与凯恩斯主义的争议中,这种观点经常被忽视。大学里所教授的经济学通常被用作分析纯粹理性经济行为和解释纯粹经济机制的工具箱。

一直以来,经济思想家的许多思想结构都包括对社会问题的看法。亚当·斯密深受他作为道德哲学家这一身份的影响,在他的作品中想到了这一点。在他那个时代,道德框架是自然而然的,以至于他几乎没有强调它。这影响了斯密在《国富论》中的政治方法,但出于种种原因而被其思想的追随者和反对者所忽略了。之后,历史学派以其开阔的视角纵观历史发展，其重点主要放在非经济方面，例如历史和社会学。

除了凯恩斯主义和新古典主义之间的对抗，在社会学、政治学和历史学的影响下，也出现了经济学的新观点。卡尔·波兰尼凭借他1944年的著作《大转型》对这种综合的观点施加了巨大影响。他认为，工业时代的经济不再嵌入社会，但这种"嵌入性"正是他所要求的。人类只能通过诸如利润和财富等经济决定因素来判断。市场经济最终只会导致对利润最大化的思考，商品是为了利润而不是为了需要而生产的。经济早就已经决定了生活。但恰恰相反的是，经济过程必须嵌入人们的需求之中。

在法国，年鉴学派为历史学以及经济学开辟了新的视角。该学派回顾了漫长的发展时期，收集了大量数据，并且特别关注经济方面。年鉴学派最著名的代表人是费尔南·布罗代尔，1979年出版了他的三卷本历史著作《15至18世纪的物质文明、经济和资本主义》，并对当时的不同观点进行了分类。他将"长时段"[1]看作当下史与长期历史之间的重要时间体验。

德国经济学家阿道夫·勒韦在希特勒政权时被驱逐到英国，然后流亡美国，并为经济周期理论做出了贡献，他试图将经济学转变为社会科学。他在1935年出版的《经济学与社会学》一书中想把经济学从新古典的环绕中解脱出来；他主要批评了新古典主义在有限的工具和模型中表现出来的一致性、片面性的思考，并试图将它们带入多元化和社会学的方向。

德国神学家、哲学家和经济学家奥斯瓦尔德·冯·内尔-布劳宁是

---

[1] 长时段（longue durée）是法国年鉴学派的一种经典立场，指一段时间内变化甚微或根本没有变化的社会和地理条件，这些条件能使历史演进中的连续性和中断性相结合。

天主教社会学说最重要的代表之一，他参与编写了教皇庇护十一世于1931年出版的社会百科全书《四十年通谕》。内尔-布劳宁提到了辅助性原则，其含义如今已广为人知，意思是有需要的人必须始终从最近、最小的社会单位处获得帮助。只有当这个集体不堪重负时，像国家这样的更大集体才会出面干预。他认为，国家本身的存在也不是目的。1956—1960年，内尔-布劳宁出版三卷本《当今的经济与社会》，在书中阐述了关于辅助性的思想。他强调辅助性是天主教社会学说的三大支柱，另外还有个性和团结。内尔-布劳宁极大地影响了联邦德国的社会秩序思想。

德裔美籍哲学家赫伯特·马尔库塞也赞成要以更加开阔的视野来研究经济学的问题，特别是他1964年的著作《单向度的人：发达工业社会意识形态研究》意义非凡，他主要分析"真实消费"和"虚假消费"。由于迫于社会环境产生的错误需求，以"意识形态化"技术和科学为主导的消费社会迫使人们与其对商品的要求产生单向度的依赖，由此产生单方面的专业化。马尔库塞认为解决方案是结束竞争、创造敏感性。

在南美洲，自20世纪60年代以来，依赖理论作为古典经济学的补充和延伸而发展起来。这与马克思主义经济理论的修正亦步亦趋。尤其具有启发性的是秘鲁哲学家何塞·卡洛斯·马里亚特吉，他的《关于秘鲁国情的七篇论文》是拉丁美洲马克思主义最有影响力的著作之一。在列宁《俄国资本主义的发展》的启发下，他将马克思主义的分析和理论运用到了秘鲁。他得出的结论是，资产阶级革命不可能使与封建上层阶级合并的资产阶级资本家阶级丧失权力，并且资本家阶级与外国垄断势力一起在剥削广大民众。只有社会主义革命才能实现这一目标。马里亚特吉的书对多位政治家和许多反叛运动产生了强烈的影响。

依赖理论的杰出代表人是阿根廷经济学家劳尔·普雷维什，他还在1950—1963年领导了联合国拉丁美洲经济委员会，他本人也参与了该委员会的创立。1950年出版的《拉丁美洲的经济发展及其主要问题》一书可谓普雷维什的主要著作。他在那里发展了"外围经济学理论"，据此有"中心国家"，如西方的工业化国家，以及"外围国家"，即发展中国家。

普雷维什认为，发展中国家的贫穷是一种危险，因为那里引入的民主制度不会为人民所接受。所以他要求国家去引导南美国家的经济增长。国家必须确保均匀的增长，并且它必须通过再分配消除严重的收入差距，并防止垄断和权力集中。

对于普雷维什来说，自由贸易对欠发达国家经济来说是毒药，因为它会压低欠发达国家产品的价格。因为发展中国家是工业化国家的原材料供应商，他们依赖于工业化国家（因此也称为依赖理论），因为他们必须依赖于工业化国家的发展道路。出于这个原因（这里可以看出弗里德里希·李斯特的想法），必须为发展中国家提供贸易补贴。著名的普雷维什-辛格假说是由普雷维什独立发展，并与英裔德国经济学家汉斯·沃尔夫冈·辛格几乎同时提出的。普雷维什-辛格假说指出，与工业化国家的工业产品价格相比，发展中国家的农产品价格长期下降。因此，自由贸易对发展中国家不利。普雷维什要求对工业化国家征收原材料进口税，然后以促进工业发展的偿付形式转移到发展中国家，这在实践中被证明是无法执行的。

随着发展中国家战线的崩溃，再加上一些国家发展成为新兴经济体，依赖理论在20世纪70年代失去了部分普及。然而，实际上仍有一些拉丁美洲政府使用了普雷维什的建议。

还应该提到巴西经济学家费尔南多·恩里克·卡多佐,他解释了殖民时期传统贸易模式的发展障碍,并于1969年与智利社会学家法莱托一起出版了一本有关依赖理论的影响力巨大的书:《拉丁美洲的依赖与发展》。卡多佐是为数不多的能在实践中应用自己知识的理论家之一。他担任过巴西外交部长,后来担任过财政部长。作为财政部长,他成功地通过深思熟虑和谨慎的方式解决了该国的恶性通货膨胀问题。他更多地使用了自由市场工具,但因为国家对经济事务施加了一定程度的控制,他将其描述为社会民主工具。由于他的成功,卡多佐做了两届巴西总统,任期自1995年持续到了2003年。

亚历山大·格申克龙和沃尔特·惠特曼·罗斯托提出了其他发展理论,但主要是在考虑单一经济的发展意义上,而不是在工业化国家与贫穷国家之间的差距上。

亚历山大·格申克龙在年轻时与家人一起逃离了处于革命中的俄罗斯。作为经济史学家,他成为哈佛大学的教授。他在审查苏联的重要增长率的数据时发现了一点,并于1947年,在这一点的基础上提出了著名的格申克龙效应:通过改变基准年,可以改变时间序列的增长率。格申克龙在1951年发表的一篇文章中讲述道:一个国家在某些领域的一定程度的经济落后可能有利于其整体增长。在这篇文章的基础上,他于1962年出版了《经济落后的历史透视》一书,由此他提供了苏联"崛起"的解释。虽然与罗斯托相似,但他对罗斯托的观点敬而远之。格申克龙认为,技术创新是经济崛起的主要原因。对于格申克龙而言,银行对于一个国家的工业化至关重要。第一步,国家必须融资,第二步是银行,之后,企业甚至可以自行融资。

沃尔特·惠特曼·罗斯托和格申克龙一样,也是从俄罗斯到美国的犹太移民的孩子。父母都是社会主义者，并以美国著名诗人沃尔特·惠特曼的名字为儿子取名。但是，罗斯托的理论既没有左派立场，也不具诗意。他曾在哥伦比亚大学、牛津大学和麻省理工学院任教。他参与了马歇尔计划的制订，在政界活动积极，为艾森豪威尔撰写演讲稿，并为肯尼迪提供建议。后来，他还是约翰逊总统的安全顾问，并因越南战争的不断升级而受到了批评。在 1960 年出版的《经济成长阶段：非共产主义宣言》一书中，罗斯托提出了一种非共产主义的渐进式经济增长模型。罗斯托的五阶段模型分为传统的第一农业阶段到第二阶段，第三阶段的过渡，成熟的、快速增长的第四阶段到大规模消费的第五阶段。在最后阶段，会出现福利国家。

已经提到的西蒙·库兹涅茨因其对国民核算的研究以及在发展中国家进行的经济发展理论方面的工作而获得认可。他观察到经济欠发达国家的总体状况与曾经崛起的工业化国家的状况完全不同。这个发现与所有国家的经济和社会发展阶段都是同步的这一论点不符。库兹涅茨著名的倒 U 字假说又称库兹涅茨曲线，以图形表中倒置的"U"为名。这一曲线表示，在经济发展过程中，收入分配的不平等首先加剧，但随后又减弱。

祖籍加勒比岛国圣卢西亚的英国经济学家威廉·阿瑟·刘易斯是发展经济学的另一位重要代表。考虑到影响钢铁和咖啡价格的因素，他拒绝了新古典"可用的劳动力有限"这一前提，并提出了"无限的劳动力供应"的论点。刘易斯于 1954 年在他的文章《劳动无限供给条件下的经济发展》中提出了由农业和工业部门组成的二元经济模式，这一模式后来被称为刘易斯模型：由于人口过剩，农业部门的劳动力可以在发展中国家无限招聘，工资很低。农产品因而价格便宜，利润高。这样就会造成"双重经济"的现象,农业部门为工业部门提供了廉价劳动力。归根结底,企业家对于经济增长至关重要,因为他可以把利润进行再投资,工业部门工资的增加也为实现这一目标奠定了基础。刘易斯于1955年出版的《经济增长理论》和1966年的《发展规划》是他最重要的著作。1979年,他凭借在研究发展中国家农业与政治发展问题方面的开拓性贡献与西奥多·威廉·舒尔茨共同获得了诺贝尔经济学奖。

美国人西奥多·威廉·舒尔茨是约翰·罗杰斯·康芒斯的学生,他为发展中国家的经济增长问题做出了重大的理论贡献。他不同意刘易斯的模型,并认为,从农业部门撤出劳动力会对其产生非常不利的影响。舒尔茨认为,有关政府部门无视农业生产是制约经济增长的众多因素之一。他认为,对农业盈余征收过多的税金尤其抑制了农业的发展,并认为,相对较少的人力资本投资最终可以产生持续和定期的收入增加。他于1971年出版了根据自己演讲内容整理而成的作品《人力资本投资:教育和研究的作用》,这本书现在被认为是经典之作。舒尔茨、贝克尔和明塞尔一同被认为是人力资本理论最重要的思想家。

经济史学家也对社会、经济和增长之间的相互作用做出了重大贡献。英国人艾瑞克·霍布斯鲍姆是一位接受马克思主义的历史学家,在他的三卷本主要著作《革命的年代》《资本的年代》《帝国的年代》中提出了"漫长的19世纪"(他限定在1789—1914年)这一概念。美国的查尔斯·普尔·金德尔伯格在1973年出版了一部重要作品《1929—1939年世界经济萧条》,强调了美国对全球经济的责任。在这本书里,就像在1978年的《疯狂、惊恐和崩溃》一书中一样,他将"最终贷款人"视为应对金融市场危机的重要手段。

美国社会学家伊曼纽尔·沃勒斯坦借鉴了马克思、布罗代尔和年鉴学派的思想，也借鉴了劳尔·普雷维什的理论和依赖理论。他采用了马克思的唯物主义观点，借鉴了年鉴学派对经济联系的历史发展研究，采用依赖理论的中心-外围模型，使用"时间"和"空间"为分析轴进一步开发了这一模型。沃勒斯坦认为现代"世界体系"的起源可以追溯到 16 世纪的欧洲西北部。他在四卷本主要著作《现代世界体系》中展开了分析，认为只有一个世界和一个世界体系，该体系受中心、边缘和半边缘三个区域的影响，它们彼此之间呈现张力关系，该体系的秩序主要取决于它们之间的分工。一个国家的发展由其区域归属决定。

沃勒斯坦将人文科学和社会科学视为"资本主义的仆人"，预测 21 世纪的世界将是资本主义的终结和"社会主义世界政府"的开始。"社会主义世界政府"建立了一个世界经济体系，这个体系虽然根据市场规律运作，但垄断趋势会遭到严重打击。他极具争议性的想法在 21 世纪初关于全球化发展的辩论中受到了讨论。

德国企业管理学也为扩大经济领域的观点提供了灵感。埃德蒙·海宁是埃里希·古腾堡和弗里茨·施密特的学生。在他的社会经济方法中，海宁反对将视角局限于理性行动的"经济人"。他整合了社会科学和数学的观点。他强调，公司的目标不是利润最大化，而是效用最大化。他认为，任何经济学的任务都不仅仅是去阐释流程，还要设计流程。

美国社会学家亚伯拉罕·马斯洛在他 1943 年的著名论文《人类动机的理论》中为理解经济学中的人类行为做出了深远的贡献。在书中，他提出了需求金字塔，这成为动机分类中最著名的模型，不仅影响了社会科学，还影响了动机和消费者研究。

马斯洛认识到个人需求对人类的重要性不同，并以金字塔的形式对其进行了分层。金字塔的基础和底层是最重要的生理需求,如呼吸、饮食、睡眠。上面的层次结构级别包含安全需求、对爱和认可的需求,随之是对尊重的需求,最后是金字塔的最高层,即自我实现的需求。

严格的等级顺序在实践中不一定出现,马斯洛也没有做此假设,但我们可以在现实中察觉到。然而,人们经常寻求满足"更高"层次的需求,而某些"较低"层次的需求只是在一定程度上实现。此外,根据一个人的性格,需求层次结构的顺序也可能不同。马斯洛还从他的模型中推论出了个人实现自我的途径。

20 旧制度经济学与新制度经济学

德国历史学派的海外影响

不要期待政治家们会有不符合其利益的行为。

——詹姆斯·M. 布坎南

这个时代肯定已经结束了,经济学家详细分析森林边缘两个人如何用坚果换取浆果,并认为他们对交换过程的分析就是完整的。

——罗纳德·科斯

德国历史学派在德国和美国都产生了影响。在美国,旧制度经济学起源于此,而这种制度经济学又与德国历史学派的社会法方向及学派有许多重叠。这一理论方向致力于分析经济与法律之间的关系,特别是研究运作良好的经济和社会所需的法律框架。

社会法学派最重要的代表人物是卡尔·迪尔,他把财产的功能放在了中心位置。迪尔的主要著作是他于1916—1933年出版的四卷本《理论国民经济学》,该著作的出版时间几乎与魏玛共和国的存在时间一致。迪尔在他的著作中强调,经济学的行为方式只适用于各自的法律制度,并随着社会条件的变化而变化。他将价值论与分配问题而不是与生产问题联系起来，分配则由权力关系决定。因此，迪尔反对普遍适用的理论，反对古典主义理论和新古典主义理论，特别是反对庞巴维克在1914年的文章《权力或经济法》中提出的主张：权力关系不会影响价格的形成。卡尔·迪尔影响了后来的瓦尔特·欧根的奥尔多自由主义。

海因里希·迪策尔是阿道夫·瓦格纳的学生，他既不同意历史学派，也不同意边际效用学派的观点。鉴于他的观点，他被认为是德国新古典主义的代表人。与古典学派一样，他认为商品的价值由产品的生产成本决定，但价格取决于市场参与者对效用的偏好。因此，与迪尔类似，迪策尔对价值论的阐述持怀疑态度。在他1895年的主要著作《理论社会经济学》中，迪策尔将经济划分为竞争系统和集体系统这两种形式。它们都不能以纯粹的形式存在，只有两种系统的混合形式。迪策尔也影响了瓦尔特·欧根，特别是他后来的"理想类型"学说。

美国产生的旧的制度经济学派具有比社会法学派更广阔的视野。它从美国实用主义哲学、达尔文思想以及社会学和历史学派中汲取了灵感。

旧的制度经济学派真正的精神先驱是索尔斯坦·邦德·凡勃伦和亨利·卡特·亚当斯。亚当斯曾在德国学习，并受到了历史学派的影响，他呼吁工会合法化，并要求对美国的铁路系统加以规范；当时他是大学以外的局外人。

有些人认为索尔斯坦·邦德·凡勃伦是制度学派的创始人。他父母是挪威移民，他出生于美国，是个古怪的人，他小时候讲得更多的是挪威语，后来在大学攻读哲学。从1891年起，他在芝加哥大学任教，从1900年开始担任助理教授。他从未得到过更高的学术职务。后来他还在斯坦福和纽约任教。1899 年，凡勃伦出版了他的经典著作《有闲阶级论》，阐述了他对影响经济和社会的人类行为的看法。

与古典学派和新古典主义学派不同，凡勃伦认为人类绝不是理性的。人类首先被本能和冲动所驱使。凡勃伦确定了用于自我和自卫的"掠夺性冲动"，以及希望改善生活条件和改善社会的"创造性冲动"。两种驱动力具有对抗性，这就是人类的行为无法预测，并使社会处于不断变化和冲突的动态过程中的原因。

凡勃伦在现代社会的消费中看到了一种自私冲动的特殊变体。有钱人有时购买商品不是出于用途需要，而是因为它们的价格相对较高。因为昂贵商品的消费可以向别人展示自己的成功。这种观点作为凡勃伦效应而闻名。在此背景下，凡勃伦还引入了"炫耀性消费"和"金融模仿"等表达方式。

根据凡勃伦的说法，除了内在冲动之外，人类和社会仍然受到各种制度的影响。旧制度学派的名称就源于制度这个术语，凡勃伦经常被认作是其创始人。他把制度理解为已经固化的思维习惯，这些习惯的首要目标就是为了坚持现有的东西。

在 1904 年出版的《企业论》一书中，凡勃伦讨论了公司的制度性问题，从而影响了后来的凯恩斯、熊彼特和加尔布雷恩的工作。凡勃伦强调金融业的思维方式与技术人员、生产商和工人的思维方式背道而驰，将金融业定义为"商业世界"机构，将后三者共同归于"工业世界"机构。最后，根据凡勃伦的说法，"商业世界"阻碍了"工业世界"实现潜在的可能性。

约翰·罗杰斯·康芒斯、韦斯利·克莱尔·米切尔和约翰·莫里斯·克拉克是所谓的最终形成的旧制度经济学学派的代表。这个思想流派设计了一种替代古典流派和新古典流派的学说观点。这里关注的主要是具有社会性和历史性的人，不涉及自私理性和纯粹算计的经济人。代替"经济人"模型的是另一种人类模型，其认为人类虽有私利，但是是在一个社会组织内部采取行动的。这一模型可以帮人们考察和分析人类创立的各种机构对经济的影响。

亚当·斯密将这两个早期的人类模型结合在一起——《道德情操论》描述了具有同理心和同情心的人，《国富论》描述了自私的、其行为有利于集体的人。在旧制度经济学中，制度（与凡勃伦不同）被视为人为的、多方面受人类影响的、对社会和经济而言持久稳定的实体。这些可以是政府部门、学校、大学，也可以是教会和协会。

旧制度经济学初期的代表人是美国人约翰·罗杰斯·康芒斯，他是理查德·西奥多·伊利的学生，算得上是 20 世纪初最著名的美国经济学家之一。伊利曾在德国师从卡尔·克尼斯和阿道夫·瓦格纳，他在工作中遵循制度经济学派的方法。伊利把经济学的目光放得很远，特别是在 1893 年的著作《经济学概论》中，他收集了法律的、历史的和统计学分析，并搭建了从德国历史学派到美国旧制度学派的桥梁。而康芒斯一直都把社会学、法律和人文科学放在他的考虑范围之内，1924 年出版的《资本主义的法律基础》一书奠定了其思想基础。康芒斯的主要作品是 1934 年出版的两卷本《制度经济学》，其中提到了制度性行动的概念。该概念预设了一种经济秩序和经济实践，市场过程在其中不仅以个体方式进行，而且从经济和社会的演化发展的意义上在各种机构之间的辩论过程中进行。

美国人韦斯利·克莱尔·米切尔曾师从哲学家、社会学家约翰·杜威，也曾师从凡勃伦。米切尔正如他在 1913 年出版的《经济周期》一书中所述的，为理解商业周期理论做出了重大贡献。与凡勃伦和康芒斯不同，米切尔没有攻击传统的经济理论，而是试图从统计数据中得出新的假说。

米切尔反对计划经济和完全自由的市场经济，主张对经济进行监管干预。首先在他看来经济周期和货币经济是紧密相连的。在复杂的货币经济缺乏协调的情况下，他看到了经济繁荣的潜在威胁。1927年，他出版了他最具影响力的著作《经济周期问题及其背景》，在书中他还提及了尼古拉·康德拉季耶夫当时对经济周期的新见解。在米切尔看来，一个商业周期中存在四个连续的阶段：繁荣、衰退、萧条，最后是复苏。米切尔的作品影响了后续的经济周期研究。

如果一个人不属于时代大潮流，那他的思想就很难被注意到。美国人赫伯特·约瑟夫·达文波特就是如此。他一直被认为是经济学中虽不知名却十分重要的思想家。达文波特在受他尊敬的凡勃伦那里获得了博士学位，但他既没有加入发展中的制度学派，也没有加入奥地利边际效用学派和洛桑学派，而是建立了一个非常独立的思想体系，并将后两个学派的思想融入其中。

达文波特出版了两本重要的作品。1908年他出版了《价值与分配》，对诸如"效用"和"价值"之类的哲学术语进行追溯，探讨其原本含义，并在此基础上进行了伦理社会分析。例如，谈论抢劫银行的效用是什么意思？对于一方（抢劫犯）来说，这在经济上是合理的；对于其他人来说，在道德上却是应受谴责的。

达文波特的第二本书是1913年出版的《企业经济学》，企业家是该书的关注焦点。达文波特认定企业家是一个试图找到均衡价格的活跃分子，他先于哈耶克和米塞斯提出了这种观点，后两者后来加深了这一想法。在这本书中,达文波特也攻击了他那个时代的边际效用概念。根据达文波特的说法,不仅仅是边际效用的理性考虑影响了购买决策,而且纯粹的需求和缺乏感也会影响购买决策。在定价方面,达文波特还提到了与定价相关的偏见和道德态度等心理影响因素。关于艺术,他认为艺术和道德价值是通常被忽视的因素。达文波特的思想基本上是对经济人的攻击。

与旧制度经济学相关的新制度经济学最终深化了制度对经济影响的研究以及对制度之间规则的分析。新制度经济学的主要思想家是阿门·阿尔奇安,他曾在加州大学洛杉矶分校任教,但与芝加哥学派关系密切。他在其著名文章《不确定性、发展与经济理论》中利用进化论机制解释了企业的决策行为。

经济理论反复强调财产对经济发展的重要性,但财产理论主要是由哈罗德·德姆塞茨和阿门·阿尔奇安直到20世纪60年代才在新制度经济学理论的框架内结合产权理论发展起来的。这里列举出四项产权:1. 使用权;2. 保留其收益的权利以及承担由此产生的损失的义务;3. 改变某物的权利;4. 处置此物的权利(例如出售并保留收益)。

1960年英国人罗纳德·哈里·科斯题为《社会成本问题》的论文创立了新制度经济学,该论文也是产权理论的里程碑。科斯克服了庇古描述过的问题,科斯甚至用了庇古的一个例子来说明生产者造成的外部影响,例如:火车在铁轨上行驶,产生的火花点燃了农民的收成。在庇古看来,铁路运营商负责支付所谓的庇古税。科斯现在正在试图克服"归因原则",它通过有关各方之间的谈判寻求最具成本效益的解决方案,目标是通过产权来规范资源使用,以便最终保护资源。这一结论便是乔治·斯蒂格勒命名的科斯定理,谈判中找到的最有效的解决方案完全独立于产权的初始分配。该理论模型也受到了批评:谈判伙伴之间的权力如何分配?协商解决方案真的能够抵偿掉所有外部影响吗?所确定的所有损失是否比总计的税更昂贵?

早在 1937 年,科斯就以论文《企业的本质》建立了现代交易成本理论,该理论是新制度经济学的一部分,他在大学基础阶段就已经完成了该论文。他认为,如果可以在公司内部进行交易,某些交易成本(尤其是重复发生的交易)会降低,这就解释了公司为什么有不同规模和各种结构,以及如何扩展。

企业规模会不断扩大,直到内部交易成本上升到一定程度,以至于最终使用市场和外部服务商的服务会更划算。这种方法也可以用来解释机构的产生。之所以有银行,是因为企业在寻找贷款时可以节省公司的交易成本。科斯的这些发现对同属于新制度经济学的委托代理理论也有重大影响。1991 年,科斯因其贡献获得了诺贝尔经济学奖。

新制度经济学分为几个分支学科。产权理论和委托代理理论都属于新制度经济学。后者分析了委托人与代理人之间在经济关系上的行为,这既可以是机构之间的关系,也可能是涉及机构内部的关系。

德国经济学家罗兰·沃贝尔就是这样描述委托代理问题的,他指出国际组织的工资高于平均水平,是因为存在太多的控制级别,而实际执行控制的成本太高。无论是否正确,代理人(纳税人)看到控制委托人(组织的雇员)的成本都太高了。

交易成本经济学反过来分析了经济机构之间有组织交换的原因和效率。此外,新制度经济学还包括宪法经济学和新政治经济学(也称政治经济理论、公共选择理论)。公共选择理论试图用经济学理论来解释政治行为,研究如何将公共利益和私人利益联系起来并加以平衡。它还解释了为什么任何类型的组织（政府或非政府）都在增长，以及自身利益如何以及什么会驱动其行为。由此，公共选择理论从经济理论的角度出发看待政治问题，成为联系经济学和政治学的桥梁。

公共选择理论的创始人之一是安东尼·唐斯，他的著作是《民主的经济理论》，这也是他的博士论文。他从根本上得出的结论是，政党追求选票最大化，选民追求利益最大化。为公共选择理论做出重大贡献的还有詹姆斯·布坎南、曼瑟尔·奥尔森、阿门·阿尔奇安、邓肯·布莱克和肯尼斯·阿罗。

詹姆斯·麦基尔·布坎南来自芝加哥学派，是弗兰克·奈特的学生。由于他的贡献，布坎南获得了1986年的诺贝尔经济学奖。在他与戈登·图洛克共同撰写并于1962年首次出版的《同意的计算》一书中，试图解决个人自由与集体行为之间的冲突。这一冲突的来源是：自由行动的个体即使在对个人不利的情况下，也愿意遵守机构的决定。

布坎南的理论出发点是他观察到政府支出的增加，是因为游说团体和公司负责人获得了补贴和政府合同。与此相关的是政治家为本地赢得国家资金而进行的斗争。对于布坎南而言，每个参与者都在理性地追求利润最大化的准则。经济学和政治学之间的这一新观点是公共选择理论的核心。

根据布坎南的说法，相关成本也在决策中发挥作用。最高的成本来自达成一致决定的意愿。成本随着决策所需的多数人的要求减少而降低。对于布坎南而言，政治人物与其他人一样都屈服于相同的利益："不要期待政治家会有不符合其利益的行为。"因此，人们必须以合适的方式确定框架条件、构建机构和设置公众监督，保证每个人都有所顾虑。布坎南认为他的基本想法很简单，所以在自传中说："如果吉姆·布坎南能够获得诺贝尔奖，那么每个人都可以。"

曾经与布坎南合作著书的戈登·图洛克好几次获得过诺贝尔奖提名。1967年，他在论文《关税、垄断和偷窃的福利成本》中提出了寻租理论。这个词本身是由安妮·克鲁格于1974年提出的。寻租就是寻找在德语区中所称的"政治养老金"，是经济参与者试图获得政府款项的尝试。寻租理论与游说紧密相关，贿赂也涉及其中。归根结底，寻租是在政府补助的帮助下逃避市场规则的尝试。图洛克悖论描述了这一现象：与寻租带来的利润相比，寻租的成本相对较低。

1965年，美国人曼瑟尔·奥尔森在他的著作《集体行动的逻辑》中提出了关于利益集团政治和经济行为的深刻理论。他分析了它们聚在一起的原因，或者尽管受到广泛的关注却常常无法实现或失败的原因。一个特殊的问题是搭便车问题，以及询问小组成员认为他们对小组的贡献几乎毫无意义的情况（这种情况被称为"琐碎的贡献问题"）。

他1982年出版的《国家的兴衰》被认为是公共选择理论的开创性著作，多次成为诺贝尔经济学奖候选人的奥尔森在书中阐述了关于国家"生命周期"的论点。根据奥尔森的说法，随着财富的增加，经济将由动态转变为静态；在某些情况下，相当小的边缘群体将通过与其他群体达成协议来争取权力，维护他们的利益，从而将国民经济的重点从增长转移到分配。因此，如果一个国家能够阻止分配联盟的集体行动，就可以保持活力和竞争力。

社会选择理论作为新制度经济学的另一个领域，经常与理性选择理论被错误地混淆等同，与公共选择理论和福利理论也有重叠。

社会选择理论的创始人是肯尼斯·约瑟夫·阿罗和邓肯·布莱克。阿罗1951年出版了《社会选择与个人价值》一书，他在书中提出了所谓的阿罗"不可能性定理"。要解决的问题是，如果投票的人对要进行投票的每种替代方案有不同的偏好，则应按照何种程序和顺序进行投票。阿罗使人深省的结论是：只有通过独裁建立选举程序，特别是投票顺序，例如由个人决定，才能解决问题。阿罗提供的并不是唯一的解决方案，而是为确定最佳程序缩小了方案和标准的范围。这也是一种新的、务实的解决方法。这些考虑的先行者之一是前面提到的孔多塞（布莱克明确提到过他的贡献）和孔多塞悖论。

在经济学中，后来在"不可能性定理"的基础上产生了所谓的吉伯德-萨特思韦特定理，该定理指出，任何非独裁的选举程序都是脆弱的，可能在战略上被操纵。阿罗后来致力于环境经济学和卫生经济学，因为他认为国家的核心任务是老年保障和医疗保健。

阿罗与法国人杰拉德·德布鲁一起发表了开创性文章《竞争性经济中均衡的存在》，描述了市场经济一般均衡的存在和稳定性：阿罗-德布鲁均衡模型是对瓦尔拉斯一般均衡理论的进一步发展，增添了不确定期望这一内容。阿罗进一步发展了这种思想，并因其在均衡理论和福利经济学方面的工作而获得了 1972 年的诺贝尔奖。

德布鲁于 1983 年获得了诺贝尔奖。他 1959 年的著作《价值理论：对经济均衡的公理分析》被认为是均衡理论的里程碑式代表作，他在书中基于严谨的数学模型，论述了亚当·斯密的"看不见的手"存在的证据。德布鲁得出的结论是，自由市场中形成了一个不仅高效而且近乎公平的市场均衡。然而，德布鲁模型一再被指责与现实脱节，例如，他的出发点是假设存在完全竞争，所有市场参与者都能获取完整信息。

乔治·亚瑟·阿克洛夫因其 1970 年的文章《柠檬市场》和其中描述

的所谓柠檬问题而闻名。"lemons"（柠檬）一词在美国俚语中表示"次品"或"不中用的东西"。他以二手车市场为例，分析了市场参与者在信息不平等的情况下的行为。他得出的结论是，当买方和卖方拥有不同的信息时，自由市场是不起作用的。如果买方无法验证更高质量的汽车是否物有所值，就不会购买它们；然后卖家就会提供更便宜的二手车，因为它们能带来更高的利润。这会导致由逆向选择引起的、由信息不对称决定的市场失灵情况。这一问题可以通过改善市场参与者弱势一方的信息条件来解决，比如说设立中立评估员。

阿克洛夫凭借这篇文章成为现代信息经济学的创始人。他后来更多地主张关注凯恩斯的思想，因为他认为，新古典主义学说忽略了人类决策中的行为和社会规范。

2001年阿克洛夫和同胞迈克尔·斯宾塞、约瑟夫·斯蒂格利茨凭借"对不对称信息市场的分析"获得了诺贝尔奖。安德鲁·迈克尔·斯宾塞是托马斯·谢林和肯尼斯·阿罗的学生。斯宾塞指出，更知情的市场参与者正在采取与成本相关的措施，以便向不太知情的市场参与者提供可信的信息，目标是提高自己在市场中成功的可能性。斯宾塞的"工作-市场-信号传递"理论的背后是这样一种思想：卖方比买方更了解他所卖的东西。

斯宾塞在1973年的论文《劳动市场信号》中提出了这一理论，论述了与求职者有关的现象。求职者向潜在雇主发送信号，例如暗示自己具有特别出众的资质。为了自己的利益，他帮助雇主做出选择，以便使自己能被雇用，甚至获得更好的薪酬。斯宾塞的想法对威廉·维克瑞和詹姆斯·米尔利斯的研究很重要。斯宾塞还研究了博弈论。阿克洛夫和斯宾塞的分析已经涉及博弈论。

威廉·维克瑞和詹姆斯·米尔利斯凭借"对不对称信息下的激励理论的基本贡献"而获得了 1996 年的诺贝尔经济学奖。威廉·维克瑞于 1947 年发表了轰动一时的博士论文《累进税制议程》，对最佳所得税制度的问题做出了重要贡献。根据维克瑞的说法，每个纳税人都会在决定他做多少工作的时候考虑他的预期纳税额。因此，维克瑞得出的结论是，税收最终会或多或少地平衡收入，并且会降低个人工作积极性。詹姆斯·米尔利斯的研究基于维克瑞的最佳所得税模型，将其应用范围扩展到其他领域，尤其影响了保险公司的税收政策和工资政策。

美国经济学家和经济史学家道格拉斯·塞西尔·诺斯凭借制度变迁理论也为新制度经济学做出了重大贡献。诺斯是新经济史的创始人和主要代表之一——新经济史被其代表人称为计量经济史[1]，是经济史的一个分支，诞生于美国，并在那里获得了特别关注。诺斯最初在这一领域从事美国经济史的研究，后来拓展到欧洲经济史。

诺斯认为制度框架对研究经济的性质至关重要。在 1981 年的《经济史中的结构与变迁》一书中，他特别研究了国家的框架条件，并分析了在产权结构与法律制度之间的紧张关系中激励结构的变化，以及这种变化如何有利于或抑制了动态的经济活动。

在 1990 年出版的《制度、制度变迁与经济绩效》一书中，诺斯整合了人的主体性和意识形态的影响，并解释说，新古典理论和公共选择理论都不能描述或回答人类这一并不是十全十美的生物的行为。通过对

---

[1] 计量经济史（cliometrics），是一个合成词，其中 clio 是希腊神话中司掌历史的缪斯，metrics 意为"测量的技术"。

人类认知受限的认证,诺斯为行为理论对经济科学产生更大影响铺平了道路。

罗伯特·威廉·福格尔是除诺斯之外计量经济史的第二位重要代表。1993 年,他和诺斯一起获得了诺贝尔经济学奖。福格尔 1964 年出版了《铁路和美国经济增长》一书,他在方法和内容方面对计量经济史做出了特殊贡献。由于具有广阔视野的统计方法,福格尔得以发现,铁路运输的成本在 19 世纪大面积推广的时候仅略有下降(最多下降 3%,但通常下降 1%)。因此,它只是工业化进程中的一个因素。福格尔受到了批评。有人认为他忽略了其他优势。1974 年,福格尔与斯坦利·刘易斯·恩格尔曼共同出版了《苦难的时代:美国黑奴制经济学》,分析了奴隶制的经济方面,并证明了奴隶制对南部各州来说非常划算。这本书引起了很大争议,尽管该书的两位作者也特别明确地谴责了奴隶制。

印度人阿玛蒂亚·库马尔·森于 1970 年出版了《集体选择与社会福利》,他在书中总结了自己的论文,这是新制度经济学中社会选择理论的经典之作。第 6 章包含他 1970 年的文章《帕累托自由不可能性》,其中他提出了自由主义悖论的模型,这是对阿罗定理的补充。森得出的结论是,追求自由的帕累托最优(Pareto-Optimum,一个人只有在另一个人的处境更糟的情况下才能变得更好)与个体选民的私人偏好相矛盾。根据自由主义者的主张,选民的个人偏好同样重要。

森在 1981 年出版的《贫困和饥荒》一书中解释了饥荒的原因:不仅仅是作物歉收或自然灾害,还是某些人口群体对自己的土地没有足够的权利,没有直接生产粮食的可能性或没有足够的交换机会。1998 年,森因"对福利经济学的贡献"而成为第一位获得诺贝尔经济学奖的亚洲经济学家。

森是经济学的思想家，他认为，社会选择理论、理性选择理论、福利理论、发展经济学理论乃至哲学之间的界限划分不是特别明显。在这方面，他这位经济学家向人们展示了经济学的应用领域以及经济学如何使社会科学学科受益。因此，森赞同经济学中越来越多人要求的科学多样性。

21世纪的头二十年里，新制度经济学对经济学的影响具体有多大呢？ 2009年和2017年的诺贝尔经济学奖可以告诉我们答案。2009年它颁给了美国人奥利弗·伊顿·威廉姆森和埃莉诺·奥斯特罗姆，后者是第一位获得该奖项的女经济学家。

威廉姆森的主要著作是1975年的《市场与层级制》和1985年的《资本主义经济制度》，因其"对公司内部经济行为的分析"而获诺贝尔奖。作为新制度经济学中交易费用经济学领域的代表，他以其威廉姆森福利权衡模型而闻名，他在1968年的论文《作为一种反托拉斯辩护理由的经济效益：福利权衡》中提出了这一模型。借助于这个模型，他分析了企业合并对整个国民经济的影响。

埃莉诺·奥斯特罗姆以环境经济学家的身份而闻名，并因其"对公共产品领域经济行为的分析"而获得了诺贝尔奖。她在1990年出版的颇具影响力的著作《公共事物的治理之道：集体行动制度的演进》中，制定了在资源稀缺时成功进行集体行动的方法和规则。奥斯特罗姆的研究不仅紧扣马尔萨斯和庇古的研究，而且生物学家加勒特·哈丁在其1968年发表的有影响力的论文《公地悲剧》中描述的情形也在奥斯特罗姆的著述中有所涉及。《公地悲剧》描述了有限资源的悲惨景象：当有限的资源是公共资源的时候，会被人们一直使用直到消耗殆尽。

2016年，美国人奥利弗·哈特和芬兰人本特·霍姆斯特罗姆凭借"在契约理论方面的贡献"而共同获得了诺贝尔奖。他们的工作深入委托代理理论之中。在霍姆斯特罗姆研究如何设计合同激励机制以改善合同合规性的同时，哈特处理合同的不完善之处，并提出了有关如何通过调节产权来改善合同的建议。

21 新制度下的经济学

决策行为、博弈理论、行为经济学及其他

没有人比市场更聪明。

——尤金·法玛

您的头脑中没有效用函数来计算如何优化您的效用。

——莱因哈德·泽尔腾

新制度经济学的许多著作都与战略思想和博弈论思想密切相关。因此,在现代经济学中,包含多个方面的制度经济学和经济学子领域,如金融市场理论、博弈论、实验经济学、幸福经济学和行为经济学之间的界限是流动的。在现代理论方法的背景下,这些方法在经济实践中得到了很好的体现,金融市场理论模型在金融市场的发展和扩张中发挥了重要作用。

因此,哈里·马克斯·马科维茨开发了一个简单易用的二维模型,用于分析股票收益和风险的各种影响,从而进行投资组合分析。他在1959年发表的文章《资产组合选择》中对此进行了阐述。威廉·福赛斯·夏普用他的资本资产定价模型(CAPM)开发了一种工具,它成为每个分析师和基金经理的工具。它建立在马科维茨的投资组合选择理论和托宾的凯恩斯流动性偏好研究基础之上。夏普的模型是资本市场的平衡模型。它为风险分散的重要性提供了理论依据：应通过跨行业分散来降低风险。2000年技术泡沫（互联网泡沫）破灭，当时的许多投资者正是依赖于该行业的股票，这证明了他的正确性。

默顿·霍华德·米勒是芝加哥学派的追随者。他与意大利裔美国经济学家佛朗哥·莫迪利亚尼一起提出了"莫迪利亚尼-米勒定理"。他们在1958年的论文《资本成本、公司财务及投资理论》中共同提出了该定理，对现代投资和融资理论做出了重大贡献。米勒在1991年的《金融创新与市场的波动性》一书中这样解释抽象而复杂的"莫迪利亚尼-米勒定理"：必须把公司想象成一个装满全脂牛奶的大碗。农民现在可以提取奶油并以更高的价格出售。由此留下的脱脂牛奶，只能以较低的价格出售。"莫迪利亚尼-米勒定理"指出，假设不存在成本影响，那么奶油加脱脂牛奶的价格可以与全脂牛奶价格相同。该模型得出的结论是，无论采用何种形式的融资来扩大规模，无论是贷款、发行新股还是对利润进行再投资，公司的价值都不会减少。这种观点改变了公司的估值，因此也影响了20世纪后期的投资行为。

1990年，默顿、夏普和马科维茨因其在融资和资本理论方面的贡献而获得了诺贝尔奖。三年前，莫迪利亚尼在1987年因其"对储蓄行为和金融市场的开创性分析"而获得了诺贝尔奖。在他的作品中提到了所谓的生命周期假说，试图解释人们在其生命周期内的储蓄行为。早在1953年和1954年他就已经与他的学生伊查德·布伦伯格一起发展了这个理论。

罗伯特·卡尔哈特·默顿与迈伦·塞缪尔·斯科尔斯和菲舍尔·谢菲·布莱克的合作促进了关于股票期权估值的开创性工作，特别是1973

年诞生的著名的"布莱克-斯科尔斯期权定价模型",该模型被认为是金融理论的里程碑。1997年,默顿和斯科尔斯(菲舍尔·布莱克现已去世)凭借"衍生工具定价的新方法"而获得了诺贝尔经济学奖。

迈伦·塞缪尔·斯科尔斯同为对冲基金长期资本管理(LTCM)的联合创始人和董事之一,默顿从1994年开始在实践中应用"布莱克-斯科尔斯期权定价模型"。在取得成功之后,LTCM在1998年经历了巨大的困难,特别是在俄罗斯的货币危机中。最后,几家大银行不得不提供了超过30亿美元的援助。甚至有人担心美国金融体系会崩溃。该基金于2000年解散。从那时起,布莱克、斯科尔斯和默顿的模型就失去了认可。

1970年,美国人尤金·法兰西斯·法玛提出了效率市场假说,根据这一假说,当证券价格已经充分反映了全部信息,并且市场参与者无法通过技术分析或其他手段为自己创造优势时,金融市场才是有效的。后来,法玛与肯尼斯·弗伦奇一起开发了"法玛-弗伦奇三因子模型",它被视为对夏普资本资产定价模型的扩展。2013年,法玛及其同胞罗伯特·席勒和拉尔斯·彼得·汉森凭借"对资本市场价格的实证分析"而获得了诺贝尔奖。

2000年,正当数字新经济大潮的鼎盛时期,罗伯特·詹姆斯·席勒就在其著作《非理性繁荣》中警示了熊市的出现。他的论点得到了一些事件的证实。拉尔斯·彼得·汉森使用数学的参数估计方法研究了各种计量经济模型。

美国人赫克曼和麦克法登在计量经济学、统计学和概率学方面展示了新方法,这些新方法对行为经济学和金融市场理论都产生了影响。他们在2000年获得了诺贝尔经济学奖。詹姆斯·约瑟夫·赫克曼开发了

"赫克曼修正法"，该方法用于补偿抽样调查的偏差，并试图通过设置与抽样调查相对的、模仿实际总体情况的反抽样调查来评价措施。赫克曼修正法考虑到了这样一个事实：从某种意义上讲，参加职业培训的某些失业人员所获得的新工作所占比例比失业总人数要大，这是因为：一方面，他们的积极性更高，都是报名参加的；另一方面，他们是被选中的，有比总体平均水平更好的前提条件。

丹尼尔·麦克法登研究了投票决定的影响并发现，在选择有限的条件下，某些决定才是可预测的，例如决定住在哪里或在哪里工作。基于此知识，后来的观察结果可以提高准确性。麦克法登于1974年发表的文章《定性选择行为的条件影响分析》尤其值得一提。

美国罗伯特·弗莱·恩格尔和英国克莱夫·威廉·约翰·格兰杰的著作对于计量经济学和金融市场分析也很重要。他们制定了统计程序，可以用于更长的时间检查模型，并于2003年获得了诺贝尔奖。尤其值得注意的是恩格尔的ARCH模型（自回归条件异方差），它是用于时间序列分析的随机模型，在财务分析中用于评估风险。

20世纪中期博弈论开创了一个非常令人兴奋的经济学新学科。实际上，它涉及游戏参与者的行为，这些参与者的行为需要在决策时考虑到对方（无论是盟友还是对手）的预期反应。

除了考虑孔多塞的思考（特别是在前面提到的孔多塞悖论里出现的那些）之外，哈罗德·霍特林还提供了博弈论的准备工作，我们已经在劳恩哈特的位置理论的进一步发展中提到过了他1929年的文章《稳定性和竞争》。在同一篇文章中，他谈到了经济学中的霍特林法则，这个法则体现在"海滩上的冰淇淋"问题当中。文章中描述了范围有限的海滩上的两家冰淇淋供应商之间的竞争，他们彼此之间的距离相同，距海滩尽头的距离也相同，来出售各自的商品。一旦一个人想要扩大他的领域，他就会靠近另一方；而后者的反应同样是向他的竞争者靠近。最后，他们在海滩的中心紧紧地靠在了一起。但是，这样做的结果是，泳滩外边缘的泳客认为这条路太远了。由于他在1931年发表了同样出色的论文《可耗尽资源经济学》，霍特林也被认为是现代可耗竭资源理论的奠基人。霍特林还为价格、资本和均衡理论做出了贡献。他的学生包括米尔顿·弗里德曼和肯尼斯·阿罗。

与"海滩上的冰淇淋"问题相关的是德国数学家迪特里希·布雷斯1968年提出的关于交通规划的"布雷斯悖论"。这也描述了由于各方参与者不同意而错过市场最优的情况。这里的要点是，修建一条额外的道路，乍一看为交通带来了新的可能性，却使所有人的整体状况恶化了。

正如许多例子所表明的那样，经济学的领域、范围和子学科不仅具有流动的界限，而且在某些情况下也会揭示出完全令人惊讶的联系。海因里希·冯·斯塔克尔伯格的例子证明了这一点。他是20世纪上半叶世界上最重要、最有声望的经济学家之一。斯塔克尔伯格是一个坚定的国家社会主义者（也就是纳粹分子），在1934年他29岁的时候凭借著作《市场形式与均衡》引起了轰动。在书中，他对寡头垄断理论提供了重要的贡献。他的分析使他得出结论，市场上没有完全的竞争，但在寡头垄断的情况下，少数供应商能够确定价格。对营销理论重要的贡献，是他将产品质量和分销渠道作为了竞争的参数。该书基于古诺模型提出的斯塔克尔伯格双寡头模型尤为著名。在此战略博弈中，两家公司组成的市场领导者首先做出决定，而后又无法撤销其决定，然后由所谓的"跟随企业"做出决定。斯塔克尔伯格双寡头模型进入了博弈论，并与约翰·福布斯·纳什随后描述的纳什均衡分析紧密相关。

斯塔克尔伯格早在1931年就加入了纳粹党，后来也加入了党卫军。他将纳粹思想融入了他的研究结论。由于几乎不存在完全竞争的情况，一个强大的国家必须进行干预（他认为意大利的贝尼托·墨索里尼是一个榜样），国家在寡头垄断中作为主导力量，迫使完全竞争情况下才会出现的结果得以产生。

约翰·冯·诺伊曼和奥斯卡·摩根斯坦在1944年的《博弈论与经济行为》一书中奠定了真正博弈论作为一门学科的基础。出生于西里西亚，但后来加入美国国籍的经济学家奥斯卡·摩根斯坦无意间读到了数学家冯·诺伊曼的一篇题为《社会博弈理论》的文章，并与他取得了联系。约翰·冯·诺伊曼出生于布达佩斯，来自一个富裕的贵族犹太银行家家庭，很早就被证明是一个神童。诺伊曼是20世纪最重要的数学家之一，他为集合论、泛函分析和量子理论的发展做出了重大贡献。他还对计算机技术产生了重大影响。

在合著的书中，摩根斯坦和诺伊曼借鉴了诺伊曼在概率论方面的工作。他们只处理所谓的零和博弈。零和博弈的特点是：一个人赢了，另一个人输了；各方的损益抵消，总计为零。经济实践中的一个例子是工资谈判。

由于博弈论的分析和结果主要有望帮助解决局势冲突，所以博弈论这一新兴经济学学科在冷战的时代背景下最初主要引起了军事战略家的兴趣。经济学在一开始对其兴趣很小。然而，博弈论发展到20世纪末成为现代经济学理论的重要领域，也因为在这个领域的研究获得了一些诺贝尔奖。

博弈论最著名的模型之一是"囚徒困境"。这个词是由美国数学家阿尔伯特·威廉·塔克创造的。他在1950年的一次演讲中使用了这个模型。两名一起犯罪的囚犯被关在单独的房间里，没有人知道对方的陈述，因此只能猜测。对于各自的行为而导致的监禁，最好的情况是，两者都保持沉默。如果一方承认，而另一个人保持沉默，那么前者可以减轻他的惩罚，而后者将获得最高刑罚，最终的结果是两人都认罪并获得最高刑罚。

1950年春，年仅21岁的数学家约翰·福布斯·纳什在普林斯顿提交了一篇只有27页的博士论文。纳什在文章中为市场参与者在所谓的非合作游戏中争夺领导权的冲突局势提供了解决方案。纳什均衡描述了一种情况：任何参与者（"玩家"）都不应该偏离其策略。根据纳什的说法，在包含混合策略的情况下，一场具有任意数量当事人的博弈中至少有一个纳什均衡；囚徒困境也不例外。由于精神分裂症，纳什最终在医院度过了近二十年。电影《美丽心灵》讲述了他悲凉的一生。

假如没有纳什的工作，现代博弈论是不可想象的，因为纳什均衡允许将零和博弈应用到多个博弈者身上并求解。1994年，纳什与约翰·海萨尼和莱因哈德·泽尔腾一起获得了诺贝尔奖，"因为他们对非合作博弈理论的平衡进行了基本分析"。

美国人约翰·查尔斯·海萨尼建立了一个模型，说明如何将不完整信息的游戏模拟为完整信息的游戏。他在1967年发表的文章《贝叶斯参与人完成的不完全信息博弈》产生了重要的影响。莱因哈德·泽尔腾是迄今为止唯一的德国诺贝尔经济学奖获得者，他进一步发展了纳什均衡。在他1978年的文章《连锁店悖论》中，他分析了一个市场突然受到竞争对手威胁的垄断者的行为。行动悖论在于，如果垄断者以合作的方式做出反应，那么对所有竞争对手来说都是最好的行为，因为没有发动价格战。如果发生价格战，所有竞争者都会遭受损失。虽然利润变小了，但没有价格战，垄断者也能获利。泽尔腾认为这种纯粹理性行为的情况不太合理，并引入了非理性行为，例如价格战这种短期威慑的恐怖情形。

泽尔腾反复强调，博弈论与古典主义和新古典主义理论一样，对市场参与者的现实和行为的反映程度不高，并要求对微观经济理论采取一种全新的方法，因为该理论的假设不切实际。后来，泽尔腾开始通过实验室的实验来研究经济行为，这使其与弗农·L.史密斯和丹尼尔·卡内曼并列，成为实验经济学的创始人之一。

博弈论在其他领域也得到了应用。出生于荷兰的加林·查尔斯·库普曼是数学经济学和计量经济学的先驱，他在分配理论（资源优化分配理论）和博弈论的综合思想中采用了新的数学方法，特别是在其1953年发表的、具有影响力的文章《活动分析及其应用》中。库普曼扩展了乔治·丹茨格已经开发的、与当前线性规划相对应的活动分析。1975年，他与坎托罗维奇一起获得了诺贝尔经济学奖，以表彰他对资源最佳分配理论的贡献。

最重要的博弈论理论家之一是美国人托马斯·克罗姆比·谢林。他1960年出版的《冲突的战略》被认为是第二次世界大战后最具影响力的著作之一。与1966年同样具有影响力的《军备及其影响》一样，该书涉及冷战时期解决核军备竞赛冲突的战略。

在《冲突的战略》中，谢林介绍了著名的谢林点（或称聚焦点）。他描述说："每个人期望的聚焦点是他人期望他本人期望被期望做出的选择。"谢林用一个例子说明了这一点。他问，如果你必须在纽约见一个陌生人，你只知道这个城市和哪一天见面，其他的什么都不知道，那么你们最有可能在什么时候见面。谢林把这个任务交给了他的一群学生。结果是：中午在纽约中央车站。谢林点就是，在你的理性期望，包括你想要见面的人的期望中，最有可能的时间点和地点。

2005 年，谢林获得了诺贝尔奖。他的研究广泛，其中包括处理交通中的人的行为，父母在抚养孩子方面的问题或戒烟的技巧，他在其中将心理学、日常生活、经济学、政治学和哲学联系了起来。我们可以由此看到，如何在动态和全面理解的科学方法中将各个学科联系起来。1964 年，在冷战最激烈的时候，谢林作为顾问参与了斯坦利·库布里克的电影《奇爱博士》，它嘲讽了相互威慑这一策略的逻辑。此外，谢林认为，在发生冲突的情况下，如果对手担心己方在行动中有不合理的行为，比如在己方队伍中有一个难以预测的指挥官，那对己方将是有利的。

以色列数学家罗伯特·奥曼与托马斯·谢林一起获得了 2005 年诺贝尔奖，他研究的一个重要部分是未来期望对市场参与者决策的影响问题。卡特尔协议的参与者只需在短时间内设定价格，便会在努力争取最大利润时决定降低卡特尔的价格。因此，在追求利润最大化的过程中，卡特尔协议的一方只需在短时间内设定一次价格，就会选择低于卡特尔价格。但是，如果卡特尔的企业家年复一年地相互见面该怎么办？违规者将受到惩罚。在这方面，最好不要理性地采取行动以实现最大化利润。奥曼创建了数学模型来解释这些"具有约束力"的情况。

波兰裔美国经济学家列昂尼德·赫维兹创立了机制设计理论，该理论被计入了博弈论。它由美国人埃里克·史塔克·马斯金和罗杰·布鲁斯·迈尔森进一步拓展。这三人因其贡献共同获得了 2007 年的诺贝尔奖。机制设计理论认为，市场中存在着商品分配的不完善。它还分析了市场失灵的机制和原因以及发展解决方案，使我们能够更接近完美的市场。该理论对"搭便车现象"做出了重大贡献，例如：消费者避免参与公共产品的成本（例如环境成本或基础设施成本），但仍然从其供应中受益。

在20世纪后期，经济学也试图整合幸福研究中的知识。在所谓的幸福经济学中，尤其是在由美国经济学家理查德·艾因利·伊斯特林在1974年的文章《经济增长能改善人类命运吗？》中提出的伊斯特林悖论中，很快就达成了这样一种共识，即收入增长只会在短期内增加幸福感。这种悖论认为，当工业化国家的人们的收入增加一倍时，他们的幸福感并没有显著提高。英国经济学家理查德·莱亚德甚至以此为由提出：应当提高所得税。莱亚德因其2006年的著作《幸福的社会》而出名，他对幸福的定义如下："幸福意味着我们感到舒适。"然而，这一定义很难成为科学工作的基础。

幸福经济学家一般都与杰里米·边沁联系在一起。但幸福却是无法衡量的，更不用说比较了。幸福经济学在2007年左右蓬勃发展。但是，随着对家长式结论的批评的出现，这种现象逐渐消失了。谁来决定幸福是什么？如果是国家的话，则可能导致国家专制。顺便提一句，杰里米·边沁在他生命的尽头不再喜欢他关于"最大多数人的最大幸福"的想法了。

人们对幸福经济产生了批评，幸福经济学家所组织的、为了衡量实际幸福的调查方法被质疑。幸福还取决于环境。主要的批评者是加里·贝克尔，他是经济人模型的提倡者。基于神经科学，他解释说，人类无法成功地按比例地无限增加幸福。当人们不断提高自己或超越他人时，就会感到幸福，幸福是自然的控制机制。但是，人类没有看到：幸福是无法持续增加的。在这方面，伊斯特林悖论不是矛盾的，这只是人类心理本质的证明。

但是，加里·贝克尔热情传播的"经济学人"模型也一直在被继续分割，现在更多的是被用来从行为经济学的角度来考虑问题。行为经济学认为，仅仅为理性的和追求利润最大化的行为者创造工具是不够的。因为那样忽视了许多决定其行动的因素。人们也按照道德和伦理行事，他们追随潮流或者凭直觉做出不理智的决策。

美国政治学家赫伯特·亚历山大·西蒙也曾在芝加哥伊利诺伊州理工学院任教，后来在匹兹堡的卡内基-梅隆大学任教。他于1978年获得了诺贝尔奖。在1947年的《管理行为》一书中，他提出了一种新型的商业理论，主要分析了涉及大型企业的决策。他特别关注了人际关系对公司决策者的影响。他得出结论，理性计算成本和效用的经济人形象并不切合实际。这也是因为获取信息的成本通常对个人来说太高了。此外，由于人们知道不可能完美地预测未来，所以他们往往宁愿让事情发生。在这种情况下，人们不会去寻求经济上的最佳状态，因此不会是"优化者"，而只是满足他们的需求，成为"满意者"。西蒙还质疑公司所谓的利润最大化原则，由于人们有不同的理性和情感目标，不可能达到"最佳解决方案"，而只能实现"令人满意"。多年来，西蒙从这些方法中发展出了行为经济学的有限理性概念，他在1957年的论文《理性选择的行为模型》中提出了这一概念。与经济人的概念相比，它致力于分析更现实的情况，虽然做决定的个人希望理性地行事，但他可能受到成本、努力和利益权衡的阻碍；而且，人们有时虽然做了决定，但为确保做出最佳选择，之前他还本该做出更多努力的。

行为经济学中最重要的思想家之一是心理学家丹尼尔·卡内曼，他拥有美国和以色列双重国籍。2002年，他与弗农·洛马克斯·史密斯获得了诺贝尔经济学奖。两者的研究都基于西蒙的观点。卡内曼与阿莫斯·特沃斯基合作撰写了许多文章,其中 1979 年发表的文章《前景理论：风险决策分析》意义重大,是行为金融学领域最重要的论文之一。行为金融学是行为经济学的一个分支学科。

卡内曼和特沃斯基在他们的新期望理论（前景理论）中得出结论,人们对效用的感知具有很大差别,不能仅按照逻辑行动的经济人的形象来解释。因为以利益为导向的决策是通过"偏差"做出的,例如固执、高估自己或害怕损失；但也会通过感知的"偏差"来做出的,例如：评估概率。

20 世纪 70 年代末,卡内曼和特沃斯基开始与斯坦福大学的理查德·塞勒合作。从 20 世纪 80 年代开始,卡内曼还与他的妻子,心理学家安妮·特丽斯曼一起发表作品。卡内曼关于所谓的禀赋效应（占有效应）的实验尤为著名,塞勒在 1980 年（我们将在稍后讨论）给出了这个名字。卡内曼给了两组测试人员相同的杯子。他问参与测试的一个小组,如果他们想出售杯子,他们会收取什么价格；他问另一组的参与者,如果他们想购买它,愿意支付多少。"卖家"给出的平均价格远高于"买家",这使得卡内曼得出的结论是,人们会赋予自己所拥有的商品以更高的价格。

弗农·洛马克斯·史密斯因"使用实验室实验作为实证经济分析的工具,特别是在不同市场机制的研究中"而与卡内曼一起获得了 2002 年的诺贝尔经济学奖。他因为在哈佛大学听爱德华·黑斯廷斯·张伯伦的讲授而开始涉猎实验经济学。张伯伦曾想证明市场失灵可能是由于缺乏完全竞争造成的。史密斯成为实验经济学最重要的先驱者之一,特别是在实验资本市场研究上。

实验经济学与其他新兴经济学学科的界限是流动的，如博弈论、行为经济学和新制度经济学；与脑科学等自然科学的交流也在扩大，这促进了神经经济学新研究领域的建立。它最重要的代表人物之一是在苏黎世进行研究、拥有瑞士和奥地利双重国籍的经济学家恩斯·特费尔。

博弈论模型也延伸到了宏观经济学。这就是搜寻匹配理论，主要是通过莫滕森-戴蒙德模型在专业领域引起了关注。这是将诺贝尔奖授予美国人戴尔·莫滕森、彼得·戴蒙德以及拥有塞浦路斯和英国双重国籍的克里斯托弗·皮萨里德斯的基础。戴蒙德提出的搜寻匹配理论是一种博弈论概念，旨在改善不完善市场中的搜索过程。然后，莫滕森和皮萨里德斯将其应用于劳动力市场，从而克服了静态观点，赞成跨越多个时间段的动态观点。基本上，这是为了解决雇主和求职者必须花费大量金钱和时间才能会面的问题。莫滕森和皮萨里德斯开发了数学公式，以解决何时以及如何值得进一步搜寻的问题，并开发了一个模型，这个模型也影响了对现代不完善市场的理解。

博弈论一直是 21 世纪初流行的经济学领域。2012 年，著名的美国博弈论理论家、经济学家阿尔文·艾略特·罗斯和数学家劳埃德·斯托维尔·沙普利获得了诺贝尔奖。沙普利提供了数学和理论上的准备工作，罗斯以此为基础进行了市场设计。这也是关于不同参与者如何以最佳方式聚集在一起的问题。但是，沙普利不仅仅着眼于与金钱有关的非比寻常的市场，比如说器官交易和学生住房。沙普利的主要关注点是此类市场如何运作以及如何防止它们被操纵。

博弈论也提出了关于市场支配力和监管的问题。法国人让·梯若尔在 2014 年获得了诺贝尔奖，他研究了工业经济学中寡头企业的行为以及监管垄断的问题。他的想法被博弈论所吸纳。他与同胞让-雅克·拉丰长期紧密合作。他们 1993 年合作撰写出版的《政府采购与规制中的激励理论》一书已被视为规制政策中关于使用激励措施的经典之作。

最终，在 2017 年，行为经济学的另一位代表理查德·塞勒获得了诺贝尔奖。塞勒最著名的一本书是在 2008 年与美国律师卡斯·桑斯坦出版的《助推：如何做出有关健康、财富与幸福的最佳决策》。基于这样的假设，即人们有时会违背他们的利益行事（例如，他们明明知道储蓄的意义，但却不为老年生活储蓄），他提出了"助推"的概念，以促使人们为了自己的利益而采取经济行动。如果它是由国家经营的，这种操作也被称为"自由主义家长制"。塞勒和桑斯坦在其 2003 年的文章《自由主义家长制》中描述了这一概念。它体现在这个例子里：将水果放在与视线水平相当的柜台上，以促进健康饮食。它也可以用于改变打印机的默认设置，为了节约纸张，在基本设置中设为双面打印。它甚至还包括"预设"器官捐献：在德国，人们必须明确声明才能成为器官捐献者；而在奥地利，除非人们反对，否则器官会自动被捐献。这样的结果是，几乎每个奥地利人都是器官捐献者，而德国才只有十分之一的人。批评的声音主要在于，"助推"可能会成为控制人们的手段。它是否侵犯了人的基本权利呢？

22 全球化、数字化与难测的未来

21 世纪的经济前景

> 人不可能两步跨越一道鸿沟。
>
> ——杰弗里·萨克斯

> 在经济学中，几乎不存在不让人怀疑的实证证据。
>
> ——安格斯·迪顿

世界始终都处于变革中。然而自 21 世纪伊始，世界飞速变化。此外，这一时期充满了高质量的变革。许多人有丰富的经历，并且认识到了它是如何深刻影响人类生活的诸多领域的。全球化继续向前推进不仅带来了各个文化圈的相互交织，而且产生了越来越多的摩擦，甚至使得各个文化圈分裂成了几部分。

权力集团的划分界限在冷战期间还相对清晰，但现在正在不断变化，并且质疑着以前的信任分界线。首要的原因是，数字化世界建立起沟通网，并且紧密推进的人工智能也改变了劳动和经济结构。传统行业的利润率正在缩减，整个行业正受到质疑，因为数字化经济中的企业只雇用极少的员工还能实现更高的销售额。数字化和全球化带来的变革影响了所有的行业和职业，更不用说个人了：生活计划受到

不确定性的影响，因为没有人知道他在十年后能否继续从事他现在的职业。

世界在大加速般地运行。点一下鼠标，只需不到一秒，即可将巨额资金从亚洲发送到欧洲并且返回。跨国公司越来越不受国家的控制，例如，他们可以选择在何处以及是否纳税。几十年来，上述的发展方面已被纳入经济学思想家的研究范围。英国经济学家苏珊·斯特兰奇在1996年出版的《权力流散》一书中研究了，随着全球化的日益发展，跨国集团威胁到国家权力的问题。

加拿大裔美国经济学家约翰·肯尼斯·加尔布雷恩在20世纪后半叶也已经使人们注意到了跨国集团的强大权力和这种发展形势下政府权力逐渐减少的问题。加尔布雷恩清楚如何通过媒体引起注意，并且影响了肯尼迪和约翰逊实施的社会政策及经济政策。然而，他屡次受到很多同行的抨击。保罗·萨缪尔森甚至曾经说过，加尔布雷恩根本算不上真正的经济学家。

但无论如何，加尔布雷恩都是一位杰出的经济运行机制分析者，即使他不太注重使用具有说服力的科学方法。他的著作卖了几百万册。还有他1952年出版的《美国资本主义：抗衡力量的概念》一书，其中指出，过于强大的企业集团会导致自由市场经济破灭，他主张建立强大的工会，作为上述企业的"抗衡力量"。他在6年后出版的《富裕社会》也十分重要。他在书中既反对自由市场经济，也否决凯恩斯主义理论，批判了二者共同具有的、通过提高生产率解决经济和社会问题的方法。加尔布雷恩想出了另一条道路，推出了"社会平衡理论"。他认为，要创造社会平衡，必须使失业救济金与平均工资水平相等，并使税率与经济增长自动同步。他认为，重点是创造独立于生产活动的广泛收入来源。只要社会不公平依然存在，国家就必须进行财政干预。

然而，加尔布雷恩以及对他"复兴"的不断努力也揭示了经济学中须详细探讨的多重问题。其中重要的不仅是技术层面的科学方法，也包括能够带来引导经济政策实行的新成果的想法；最理想的情况是，这种想法也能够作为清晰易懂的行为准则。

美国经济学家詹姆斯·托宾被视为"新凯恩斯主义景气理论之父"。他于 1981 年获得了诺贝尔经济学奖。他主要由于其提出的"托宾税"而闻名，这是一种对现货外汇交易征收的全球统一的交易税。"托宾税"在 21 世纪初得到了广泛使用。

托宾在 1972 年，布雷顿森林体系结束后第二年，提议课征此税，以限制货币投机行为。然而，他主要目的是，通过长期的观测评估货币，并且避免市场投机行为影响对货币的评估。起初他的提议没有得到回应，但在 1997 年 12 月，在当时亚洲股市动荡的背景下，西班牙记者伊格纳西奥·拉莫内特在担任法国左派周报《世界外交论衡月刊》总编时，曾在这一刊物中发表的名为《缓和市场》的社论中采用了托宾的思想。这是 1998 年成立的批判全球化的组织"阿塔克"[1]的起点。这一组织的核心目的是课征更改形式后的"托宾税"。现在"托宾税"意图阻止全球化，并且为援助发展中国家发展的项目筹集资金。托宾本人认为他的思想受到了滥用，并且对此加以抵制。他支持自由贸易、国际货币基金组织、世界银行和世界贸易组织——这些都是"阿塔克"反对的机构。

21 世纪初，鉴于全球气候迅速变暖以及全球人口不断增长带来的资源短缺，研究范围广阔的环境经济学意义凸显。其子领域有资源经济学

---

1 阿塔克（ATTAC），金融交易税收和公民援助联合会的英文缩写。

（侧重研究资源投入以及自然资源的最佳利用方式）和生态经济学，后者尝试新的研究方法并且加强研究产出对环境的影响。

哈罗德·霍特林在他1931年的《可耗竭资源经济学》这篇论文中，提出了著名的"霍特林法则"，为探讨自然资源的有限性做出了早期重要贡献。根据这一法则，一种可耗竭资源的价格上升速率应等于利率。然而，这一法则基于局部分析，不适用于更全面的均衡模型。

"二战"后，随着对环境影响的考虑，以往被抵消的环境受到的影响被纳入了增长模型，真正的环境经济学才出现。德国的解决方案来自恩斯特·乌尔里希·冯·魏茨泽克。瑞士经济学家汉斯·克里斯托弗·宾斯旺格提出了生态税收改革思想，并且指出：当利率高于经济增长率时，利息负担会带来经济增长压力以及撤出投资的风险。宾斯旺格由此也引起了关注。

这里要提到两位活跃于20世纪的思想家，他们的著述现在有了现实意义。他们分别是尼古拉斯·乔治斯库·罗金和恩斯特·弗里德里希·舒马赫。罗马尼亚裔美国数学家尼古拉斯·乔治斯库·罗金是约瑟夫·熊彼特的学生，是首批批判以增长为导向的思想，并由此探寻新的替代方案的思想家之一。

乔治斯库·罗金在1971年发表的主要著作《熵的定律和经济过程》，使他被视为生态经济学的创始人之一和"去增长运动"中最著名的人物之一。这场运动在法国的名字是décroissance，这场运动的内部手段差别很大，既有源自先前的土地和货币改革运动的方法，也有"阿塔克"。经济学家和哲学家赛吉·拉图什是"去增长运动"的杰出代表。

乔治斯库·罗金以其激进的思路将自然科学范畴引入了经济学。例如，他将热力学第一定律和第二定律以及熵的概念融入了经济学。

热力学第一定律是说：能量既不能凭空产生，也不能凭空消失，并且由此说明了永动机是不可能实现的。热力学第二定律的内容是：能量的浓度降低并且"耗散的"能量份额增加。能量仍然存在，但是不能再为人所用。就像一杯热水中的热量传递到周围环境中，同时，水杯的温度趋向于房间的温度。具有讽刺意味的是，当时引入熵的概念是为了描述蒸汽机效率的有限性。

熵这一思想的本质是，在一个封闭的系统中，能量永远不会减少（地球在这里被视为一个封闭的系统），只是会自行扩散。将这一概念运用于经济生产得出的结论是，人们当下的生活以牺牲未来为代价。乔治斯库·罗金对此有一句精准的总结："当忽略细节时，我们可以说，每一个今天出生的婴儿都意味着未来生命的减少，但是在某个时刻生产的每一辆凯迪拉克，也都意味着未来生命的减少。"

恩斯特·弗里德里希·舒马赫是可持续发展经济思想早期最重要的一位思想家。他出生于德国，但为了躲避纳粹而逃往英国，并在1973年出版了论文集《小即是美》。他在这本书中主张，要将尽可能消耗最少的资源、实现人类最高程度的福祉作为经济活动的目标。这本书成为全球畅销书。舒马赫这一著作出版的时间背景是，1972年罗马俱乐部发表的一项名为《增长的极限》的研究。这项研究迫切地警示出了无限度地开采资源的后果，这项研究引起了轰动。

在全球化的进程中，伴随着工薪阶层日益增加的不安全感，人们越来越普遍地感觉到了收入和财富分配的不公平性，一些结合马克思学说的思想家正关注着这一问题。

需要着重介绍美国经济学家保罗·马洛·斯威齐，他曾是熊彼特的学生。他1942年的《资本主义发展论》一书极具影响力，这本书也被翻译成了德语。在 20 世纪经济和社会的发展方面，斯威齐对马克思所持观点的扩展可归于一个论点：为维持资本主义制度，国家和资本最终会互相合作，这既会导致法西斯主义，也会导致这一制度扩张到全球。

斯威齐通过其著作至今仍影响着批判全球化的论据和思想。他于 1966 年出版的与保罗·亚历山大·巴兰合著的《垄断资本》一书参与了现代马克思主义思想的开创，这本书提出，将生产过剩作为马克思的剩余价值的替换概念。生产过剩加剧了对其创造者（劳动者）的压迫，导致无意义的消费，并且扩散到全世界。斯威齐和巴兰的观点还受到了剥削理论的局限，并且忽视了生产过剩对经济增长的影响以及生产过剩对改善工人经济状况的影响。

新马克思主义的代表人物还有英国地理学家大卫·哈维，哈维对新自由主义形式的资本主义这一当今主流的经济模式进行了全面批判。他依据马克思的思想，认为资本主义不得不让资本永久循环下去，这就是资本主义必须延伸到世界上每个角落的原因。此外，在法国受到马克思主义启发的杰出代表，还有经济学家米歇尔·阿格列塔，他在 1976 年出版的著作《调节与资本主义危机》中研究了商品和工资之间的关系，后来在法国影响深远。

保罗·罗宾·克鲁格曼是现代对外贸易理论中最重要的思想家。他于 1979 年发表的论文《报酬递增、不完全竞争和国际经济》是公认的新贸易理论的开端，为内部工业贸易开辟了新的视角，并引发了对整个对外贸易理论的全新理解。克鲁格曼提出了垄断性竞争理论，并且调整了自大卫·李嘉图以来所接受的生产规模收益恒定的观念。因为他发现，在规模经济中，由于生产规模扩大，平均生产成本降低，规模收益递增。规模经济也是推动自由贸易的因素。此外，他认为，自由贸易开拓了更广阔的销售市场，并且改善了企业结构。消费者也能从自由贸易中获利，因为他们购买的产品物美价廉，而且对产品的选择更多。

他在 1980 年的《规模经济、产品差异化和贸易模式》这篇论文中强调了他的观点。在 20 世纪 90 年代初，克鲁格曼开创了所谓的"新经济地理"。他将上述 1979 年和 1980 年两篇文章中的方法融入这一理论，并且将空间和生产成本等其他因素作为生产和贸易决策的决定因素。他提出了与不可移动生产要素相对的可移动生产要素的想法，以及用潜在的多重均衡代替完全市场的观点。他主要在 1991 年出版的《地理与贸易》一书中阐述了他的方法，并且展示了人口密集区域与人口稀少区域之间的相互影响。

克鲁格曼由于在"分析贸易模式和经济活动区位"方面做出的贡献而获得了 2008 年的诺贝尔经济学奖。除了克鲁格曼，还应提及另一位现代对外贸易理论的重要思想家埃尔赫南·赫尔普曼。二者在 1985 年共同出版了具有影响力的著作《市场结构和对外贸易》。

在 21 世纪初对对外贸易理论做出重要贡献的还有出生于印度的美国经济学家杰格迪什·巴格瓦蒂。他 1991 年的《风险中的世界贸易体系》一书的出版背景是，世界贸易组织的前身关税及贸易总协定谈判在所谓的"匈牙利回合"中陷入了僵局，谈判内容包括国际贸易自由化的主张，主要是为反对以美国为首的贸易保护趋势和经济霸权主义。巴格瓦蒂通过这本书影响了 1995 年世界贸易组织的成立。巴格瓦蒂在 2004 年《捍卫全球化》一书中所持的观点是，全球化不会加剧穷人的贫穷，而是起到了相反作用。这本书也可以看作是对 2002 年约瑟夫·斯蒂格利茨的一部科普性著作的回应。

约瑟夫·斯蒂格利茨由于其有关信息和市场关系的著作，而与乔治·阿克洛夫和迈克尔·斯宾塞一同获得了 2001 年的诺贝尔经济学奖。他就宏观经济学问题，尤其是不完全市场问题撰写了多部杰出著作。需要重点介绍的是他与迈克尔·罗斯查尔德共同撰写的《竞争性保险市场的均衡：不完全信息条件下的市场经济学》这篇论文。论文引入了"筛选"这一理论工具，其中，"不知情的市场参与者"（在本例中是保险人）激励"知情的市场参与者"向自己披露信息。1994 年斯蒂格利茨出版了《社会主义向何处去》一书，他在这本书中概述了不完全市场理论的发展。他得出的结论是，市场社会主义根植于新古典主义模型的谬误，不能解决不完全信息和不完全市场带来的问题。但是，斯蒂格利茨认为，不完全市场是普遍现象，而不是新古典主义理论所认定的例外情况。

斯蒂格利茨 2002 年遭到巴格瓦蒂回击的《全球化及其不满》一书是一部全球畅销著作，并且这部著作使斯蒂格利茨尤其受到全球化批判者的广泛引用。斯蒂格利茨在这本书中批判了美国的经济政策和开发援助发展中国家政策以及世界贸易组织、世界银行和国际货币基金组织的工作，尤其谴责了上述组织机构只是服务于发达国家和金融界的利益。国际货币基金组织加剧了 1997 年的亚洲金融危机，正如它也加剧了接下来一年的俄罗斯经济危机。斯蒂格利茨尤其认为国际金融市场自由化是一大谬误，因为在全球化时代，即使是短期的资本投机活动也能破坏各国的稳定性。然而，巴格瓦蒂指责说，斯蒂格利茨将批判组织机构与批判全球化混为一谈。

实际上，尽管斯蒂格利茨批判全球化，但认为其本身具有积极意义。他也支持撤销管制，尤其是国家作为参与者要退出经济行为。然而，他主张应该适度地采取措施和增加透明度，尤其是那些机构。重要

的是要制定可执行的规则和维持各国的行动能力。他在 2006 年出版的
《让全球化造福全球》一书中阐述了上述观点。

关于全球化的争论也围绕理论依据和参与争论的经济学家逐步产生
的意见分歧展开，并且它与工作的精确性有关。斯蒂格利茨指责巴格瓦
蒂还停留在 19 世纪。年近 90 岁的保罗·萨缪尔森在 2004 年发表了一篇
名为《李嘉图和穆勒会如何驳斥或确认当今主流经济学家所支持的全球
化》的论文反击巴格瓦蒂，他在这篇文章中指出，自由贸易可以引发事
与愿违的效果，全球化本身并没有多好。然而，巴格瓦蒂和斯蒂格利茨
在对美国经济学家杰弗里·大卫·萨克斯及其对发展中国家实施"休克
疗法"的观念的批判中又达成了一致意见。巴格瓦蒂将萨克斯称为技术
统治论者，并认为，改善必须逐步逐步地进行。

萨克斯还主张增加对发展中国家的援助。美国经济学家威廉·伊
斯特利抨击了萨克斯这一观点。伊斯特利的研究重点是发展理论。例
如，他在 2006 年出版的《白人的负担：为什么西方的援助没有给发展中
国家带来任何好处，反而造成了很多问题》一书中阐述了他的观点。伊
斯特利认为，西方一直以来都持有一种家长式立场，著名社会活动家鲍
勃·格尔多夫[1]和波诺[2]发起的援助计划也体现了这种态度，因此伊斯特
利也多次批评这些援助计划。他认为，援助发展中国家的策略应由"自
顶向下"转为"自底向上"；针对基层的小型援助项目代替迄今为止的
大规模、由上而下规划的援助项目。

在 21 世纪初，甚至越来越多的发展中国家的经济学家呼吁停止所有

---

[1] 鲍勃·格尔多夫，著名爱尔兰摇滚歌手，"乐队援助"与"现场援助"运动的主要推动者之一。
[2] 波诺，著名摇滚乐队 U2 的主唱。

的发展援助；其中有肯尼亚经济学家詹姆斯·希克瓦蒂。因为，根据希克瓦蒂的观点，发展援助会使发展中国家产生援助依赖，并且抑制企业家精神和贸易的发展。此外，投入发展援助的金钱可能会用于巩固腐败和专制的政权。

出生于苏格兰的经济学家安格斯·斯图尔特·迪顿也批判对发展中国家的援助政策，在他2013年出版的《逃离不平等》中也表达了这样的观点。他认为，发展援助是一种假象，安抚了富国的负罪感，却使穷国产生了援助依赖。迪顿获得了2015年的诺贝尔奖。他探讨了弗里德曼1956年提出的"持久收入假说"。根据这一假说，人们的决策取决于其对长期收入的预期，因此，他们用于消费的支出比收入浮动程度低。迪顿通过实证证明了，消费决策也经常受其他因素的影响，例如收入类型。尽管如此，我们可以观察到，相对于收入，消费的波动幅度较低，这就是"迪顿悖论"。

秘鲁经济学家赫尔南多·德·索托也为解决发展中国家问题提供了新的方案，他注重保护财产的意义。这一想法基于制度经济学，尤其是其中的财产权理论。这一理论主要由哈罗德·德姆塞茨和阿门·阿尔奇安提出，然而其源头可以追溯到约翰·洛克强调的私人财产权的重要性。

德·索托在1986年出版的《另一条道路》一书中谈到，在他的祖国秘鲁，高达2%的经济产出来自"地下经济"。他推断，资本主义在第三世界不会失效，只会由于无效的体制（特别是在财产权方面）而停滞不前。

德·索托在2000年出版的《资本的秘密》一书引起了轰动，他在书中进一步发展了他的论点，阻止不发达国家向前发展的主要是其无效的法律制度。因此没有作为财产注册的房屋和土地，只是非正式财产，并且是不能被激活的僵化财产。在这种情况下，例如，它们不能作为贷款抵押，并且由此一来也不能用于投资。德·索托认为最终必须使穷人享有土地和房屋所有权，例如可以随意建立新居民区，从而解决这一问题。

德·索托的著作对新制度经济学产生了强烈的影响，主要因为他得出的结论是，剥削、资源不足或者不公平的国际贸易并不是不发达的核心原因，制度发挥作用才是国家经济繁荣发展的首要前提。

美国经济学家和商业记者汤姆·贝塞尔在德·索托著作的影响下，于 1998 年出版了《最崇高的胜利》一书，其书名引用了边沁在 1802 年的名句——"保障人们财产的法律是人类超越自身的最崇高的胜利。"贝塞尔指出，人们在强调财产的意义时，忽视了经济理论的作用，并且将许多经济问题归咎于不明晰的财产权。他列举了落后的阿拉伯国家和其他发展中国家，有些废除了私人财产。然而，贝塞尔同时强调，不能将个人生命权和自由权归为财产权。

就传统的经济发达国家对经济政策效果的看法而言，韩国经济学家张夏准通过 2002 年出版的《富国陷阱：发达国家为何踢开梯子？》一书引起全世界的关注。他论证道，设置保护关税的国家主要是富裕国，并且设置保护关税将会"踢倒"贫穷国家可以攀登的"梯子"。与之前的弗里德里希·李斯特类似，张夏准主张只对想要上升的国家设置保护关税和补贴。否则，这些国家无法发展迄今为止处于劣势的行业。

经济理论在 21 世纪初具有多样性，并且总有新的研究领域补充进来。最重要的是，新的视角为新发现开辟了道路。例如具有典型性的女性主义经济学，它探究了迄今为止在科学界没有充分关注和研究女性的贡献和利益这一事实。

其中，20世纪中期的开拓性工作来自美国记者简·雅各布和1970年出版《妇女在经济发展中的角色》的丹麦经济学家艾斯特·博斯拉普以及1988年出版《如果女人算数：新女性主义经济学》的新西兰经济学家玛丽莲·韦林。最后那部书系统地批判了现有国民经济核算体系，因为它没有考虑到女性所付出的劳动。需要提及的还有经济学家南茜·弗波莱和伊迪斯·库依波尔。

女性主义经济学研究领域还包括性别之间的相互关系及其对经济学的影响。它研究了女性在教育、权力和人身权利领域的地位。其中涉及女性在劳动市场的角色，女性付出的劳动只获得较少或低廉的薪酬，以及女性在广告中的形象；也涉及父权家长制，尤其资本主义的父权家长制结构。

女性经济学研究的核心问题，还包括女性为家庭所付出的劳动及女性照顾家庭的经济学意义。这些问题也必须纳入现代经济学理论的范围。此外，女性主义经济学还研究所谓的"再生产劳动"。其中包括妇女生育、抚养孩子以及照料家庭成员（经常在"照料"这一概念下探讨这些问题）所付出劳动的整体经济学意义。

女性主义经济学不是一个统一的、具有固定范围的研究领域，然而却是一个广阔而又十分有趣的领域。它开辟了新的视角，例如，理性而自私的"经济人"是男性形象这一观点。

凯恩斯主义在21世纪初也达到了新的阶段。从新古典主义综合的立场出发，新兴凯恩斯主义试图扩展凯恩斯主义学说，研究市场不均衡的问题。其中包括以色列裔美国经济学家唐·帕廷金于1955年在帕廷金模型中提出的不均衡方法，以及法国经济学家埃蒙德·马兰沃、美国经济学家罗伯特·韦恩·克罗尔、瑞典经济学家艾克塞尔·莱荣霍夫德和上文已经提到的美国经济学家罗伯特·约瑟夫·巴罗的研究和著述。

不能将新凯恩斯主义同后凯恩斯主义混淆。后凯恩斯主义更多地基于凯恩斯学说传统，而新凯恩斯主义更多地基于新古典主义均衡理论传统。因此，新凯恩斯主义学派也经常被称作新古典主义综合学派。上文介绍的约瑟夫·斯蒂格利茨是新凯恩斯主义的重要代表。

与新兴凯恩斯主义经济学和新凯恩斯主义相对的是新古典宏观经济学。它由提出"理性预期理论"并因此获得1995年诺贝尔奖的美国经济学家小罗伯特·埃默生·卢卡斯创立。"理性预期理论"由约翰·弗雷泽·穆斯在1961年创立，卢卡斯对其进行了扩充。这一理论的结论是，经济主体在预测时不会犯系统性错误而会犯随机性错误，因此预计现实情况与使用经济学模型的预测结果或结论间不存在偏差。

卢卡斯主要在1981年的《经济周期理论研究》中扩展了新古典主义理论。以他的名字命名的"卢卡斯批判"也十分著名，他在1976年的《计量经济政策评价：一种批判》一书中首次提到了这一批判。根据这本书，过去的经验不足以预测经济行为主体的行为，而必须同时考虑到主体学习能力和承受后果的能力。经济政策的每次调整都会影响经济主体的行为，由此也改变了模型的变量。因此，当重复使用某一经济措施时，主体的行为与初次实行这一措施相比是不同的。

"卢卡斯批判"颠覆了凯恩斯主义理论，因为它为怀疑调控性经济政策带来积极影响提供了理论支撑。这一理论最终回归为亚当·斯密的"看不见的手"，根据这一观点，个体在市场的决策最终会为整体经济带来最佳结果。相反，从"卢卡斯批判"中得出的结论是，只有当市场参与者始终信任某一经济政策时，它才有可能是成功的。

同样在新古典宏观经济学的范畴下，挪威经济学家芬恩·基德兰德和美国经济学家爱德华·克里斯蒂安·普雷斯科特深化了人类行为对经济进程的影响领域的认识。二者在其著名的论文《规则胜于相机抉择》中阐述了，经济政策在长期的执行过程中会受到政治压力而一再瓦解，或者被撤销的观点，反对前后一致地遵守某一决议的论据，例如：随着时间的发展，人们改变了数据或者影响变量自行发生了变化。

通过分析，基德兰德和普雷斯科特还为中央银行独立于欧元稳定公约的重要性提供了理论依据。1982年，二者再度合作发表了《置备新资本的时间和总量波动》这篇论文，在其中追寻经济循环的根源，并且得出结论：一阵一阵、不连续的技术革新改变了价格和需求，引发了经济繁荣，但也可能带来经济萎缩。二者由于"对动态宏观经济学的贡献：经济政策的时间一致性和商业周期背后的驱动力量"而获得了2004年的诺贝尔经济学奖。

在中央银行的货币政策方面，美国经济学家约翰·B.泰勒在1993年创立了"泰勒法则"，主要描述了由经济增长速度和通货膨胀率计算基准利率的过程。

除卢卡斯之外，美国经济学家内尔·华莱士和托马斯·萨金特也被视为新古典宏观经济学学派的共同创立者。萨金特与华莱士基于卢卡斯的理论提出了"政策无效性"这一命题，说系统性的、可以预料到的货币政策不会对经济产生实际影响。托马斯·萨金特与克里斯托弗·西姆斯共同获得了2011年的诺贝尔奖。西姆斯开创了一种衡量和预测经济政策措施影响的方法。

对现代宏观经济学的批判体现了经济学中关于自身定位和学科标准的争论到了何种激烈程度。有人指责宏观经济学模型不贴合实际，例如美国经济学家保罗·罗默，自2016年任世界银行首席经济学家，在他2016年名为《宏观经济学的困境》的论文中对宏观经济学诸模型进行了批判。在罗默看来，宏观经济学在过去的30年没有取得丝毫进步。他尤其谴责了作为新凯恩斯主义动态随机一般均衡模型基础的新古典主义模型的框架。

罗默发表于2015年的论文《经济增长理论中的数学滥用》引发了所谓的"数学滥用辩论"。他特别抨击了卢卡斯和普雷斯科特滥用数学，认为他们的主要目的是掩盖他们的政治议题。罗默一语中的。克鲁格曼也赞同他的观点。

法国经济学家托马斯·皮凯蒂最终引发了新的全球范围内的经济学讨论。他主要研究不公平现象和收入分配，并且得出结论：当资本收益率高于增长速度时，失控的市场和资本主义会导致财富集中。这一发展威胁到经济增长，并且最终会危及民主制度。在他2013年出版的全球畅销书《21世纪资本论》中认为，不公平不是资本主义的内在特征，他还主张通过征收累进所得税和财产税来限制不公平的发展趋势。

总结与展望

正如这本概述性质的书所表明的，经济思想、经济科学是五花八门、充满争议的。但正因如此，它们一次次地在历史上发挥了关键作用，能帮我们更好地理解和组织社会经济行为。

另外，我希望能传达一点：只有在研究和学说的观点保持多样化、想象力，并且与科学界相互启发的情况下，我们才能找到应对经济和社会挑战的最佳方案。

经济思想从古到今都是十分丰富的，在过去几十年里，它有了更多的发展。如果经济科学能成功地与社会保持一致、与其他科学交流日益深入，并努力找到如何竭尽所能地为全人类的利益服务的经济行为模式，那么，科学和社会都会大受裨益。

也许，在 21 世纪上半叶，即将发生下一次范式转移。在生态、政治、社会和技术挑战日益复杂化的背景下，如何设想和实施一种经济思想？这种挑战显而易见。

凯恩斯也曾经通过他的经济思想，引起了经济学范式的重大转变，就像下面这句名言，据说是他说的——"当事实改变之后，我的想法也改变了。您呢？"

是时候懂点经济学了：经济学简史22讲

[德] 赫尔格·黑塞 著
张世胜 赵弯弯 尚晓涵 译

图书在版编目（CIP）数据

是时候懂点经济学了：经济学简史22讲 /（德）赫尔格·黑塞著；张世胜，赵弯弯，尚晓涵译.—北京：北京燕山出版社，2021.4
ISBN 978-7-5402-5858-0

Ⅰ.①是… Ⅱ.①赫…②张…③赵…④尚… Ⅲ.①经济思想史—世界 Ⅳ.① F091

中国版本图书馆 CIP 数据核字 (2020) 第 241060 号

Eine kurze Geschichte des ökonomischen Denkens

by Helge Hesse

Copyright © 2018 Schäffer-Poeschel
Simplified Chinese edition © 2021 by United Sky (Beijing) New Media Co., Ltd.
All rights reserved.

北京市版权局著作权合同登记号 图字:01-2020-6505 号

选题策划	联合天际·王微
特约编辑	谢紫菱
美术编辑	夏天
封面设计	史木春

责任编辑	战文婧
助理编辑	郭扬
出　　版	北京燕山出版社有限公司
社　　址	北京市丰台区东铁匠营苇子坑 138 号嘉业商务中心 C 座
邮　　编	100079
电话传真	86-10-65240430（总编室）
发　　行	未读（天津）文化传媒有限公司
印　　刷	三河市冀华印务有限公司
开　　本	880 毫米 ×1230 毫米　1/32
字　　数	150 千字
印　　张	8.5 印张
版　　次	2021 年 4 月第 1 版
印　　次	2021 年 4 月第 1 次印刷
书　　号	ISBN 978-7-5402-5858-0
定　　价	68.00 元

关注未读好书

未读 CLUB
会员服务平台

本书若有质量问题，请与本公司图书销售中心联系调换
电话：(010) 5243 5752

未经许可，不得以任何方式复制或抄袭本书部分或全部内容
版权所有，侵权必究